Pour

Mademoiselle de St Louys.

Pour

Mademoiselle de St Louys.

(18

LA
PARTHENIE

DE BARO

DEDIEE

A MADAMOISELLE

A PARIS,

ANTOINE DE SOMMAVILLE,
en la Salle des Merciers, à l'Escu de France.
ET
Chez AVGVSTIN COVRBE', dans la mesme
Salle, à la Palme.

au Palais

M. DC. XLII.

AVEC PRIVILEGE DV ROY.

A TRES-PVISSANTE

ET SOVVERAINE PRINCESSE

ANNE MARIE
LOVYSE D'ORLEANS,

Fille vnique de Monseigneur Frere du Roy, Souueraine de Dombes, Dauphine d'Auuergne, Duchesse de Montpensier, &c.

MADAMOISELLE,

Sçachant jusqu'où va l'esprit de vostre Altesse Royale, & combien il a d'excellentes qualitez, ie ne puis que ie ne rougisse en luy presentant vn Ouurage si

ã ij

peu digne de l'entretenir. Voftre merite fait toute ma honte, & certes quand
ie confidere qu'en vn âge fi tendre vous
auez des connoiffances qu'à peine les
plus affidus à l'eftude poffedent apres
vn trauail de beaucoup d'années, il faut
que ie conteffe ou que vous eftes née
pour noftre confufion, ou que la Nature referuant pour les perfonnes de voftre naiffance des trefors tous particu-
liers, vous a prodigué des biens dont
ell' eft auare pour tous les autres. Ie
croirois toutefois, MADAMOISELLE,
trahir en quelque forte la verité fi j'attri-
buois tous les auantages qui vous enri-
chiffent à la feule grandeur du Sang dont
vous eftes iffuë; & fi ie ne difois que,
quelque glorieux qu'il foit, il n'a pas fait
tout feul les perfections qui vous rendent admirable. Les veilles de Madame
de Saint George, & les foins nompareils
que cette illuftre Gouuernante a mis à
vous efleuer, y ont contribué tant de

choses, que sans vne flatterie criminelle on ne sçauroit vous persuader que vous n'ayez point eu besoin de ses enseigne-mens ny de ses exemples. Il est vray que vous auez si heureusement profité des vns & des autres, que j'en dois tirer vne nouuelle matiere de vous loüer, & pu-blier hautement qu'vn naturel moins doux & moins riche que le vostre n'au-roit pû acquerir en si peu de temps les lumieres dont vous brillez, ny les ver-tus qui vous font nommer aujourd'huy la merueille de nostre siecle. Ce n'est point sur le rapport d'autruy, MADA-MOISELLE, que ie fonde le jugement que ie fay de vous, depuis le temps que Monseigneur le Cardinal de Richelieu daigna fauoriser la passion que j'auois d'estre à vostre Altesse Royale, & qu'ou-tre vn nombre infiny d'autres bienfaits il plûst à ce grand Ministre de me pro-curer l'honneur d'estre de vôtre Maison, j'ay esté le fidelle tesmoin de vos depor-

Contraste insuffisant

NF Z 43-120-14

temens, & ie puis dire qu'il ne s'est rien
passé dans le cours de vostre vie qui ne
m'ait rauy d'estonnement & d'admira-
tion. Que s'il est possible qu'il se rencontre quelqu'vn assez ignorant de ce
que vous estes & de ce que ie suis pour
trouuer vos loüanges suspectes en ma
bouche, qu'il se donne pour vn seul moment l'honneur de vous approcher ; ie
suis asseuré que toutes vos actions passe-
ront aupres de luy pour des miracles ; &
qu'il sera contraint d'auoüer que ie n'ay
pas esté moins veritable en tout ce que
j'ay dit, que ie le suis quand j'ose protester

MADAMOISELLE, que ie suis de
Vostre Altesse Royale,

Tres-humble, tres-obeïssant & tres-
fidelle seruiteur, BARO.

AV LECTEVR.

NE m'accuſe pas, cher Lecteur, ſi tu vois dans cet Ouurage quelques actions qui démentent la haute reputation dont Alexandre a ſurmonté l'injure de tant de ſiecles. Quinte Curſe luy a rendu ce mauuais office deuant que moy. Et nous l'ayant repreſenté, apres la cõqueſte de la Perſe, dans vn abandonnement à toutes ſortes de voluptez, il a ſemblé nous vouloir montrer combien eſt grande la foibleſſe humaine, & qu'il n'y a point de ſi belle vie qui n'ait quelque interualle faſcheux. Encore crois-ie auoir obligé la memoire de ce Heros, puiſque luy ayant fait conceuoir quelque honte de ſa molleſſe, & de ſon oiſiueté, i'ay ſupplée à ce que l'Hiſtoire deuoit dire; & luy ay fait entreprendre par vn principe de vertu la ſuite des grandes choſes qu'il ſemble n'auoir faites que par hazard ou par intereſt. Si tu conſideres donc l'eſtat de la vie qu'il menoit alors, tu ne trouueras pas eſtrange qu'au lieu de le dépeindre dans vne honteuſe proſtitution, ie l'aye feint amoureux de PARTHENIE. C'eſt aſſez que l'Hiſtorien (qui ne deuoit pas auoir oublié le nom de cette genereuſe femme) nous ait dit qu'elle eſtoit belle pour me faire iuger qu'elle eſtoit aimable; & i'ay creu qu'il eſtoit plus glorieux pour Alexandre de luy donner de la paſſion pour vne Prin-

eeſſe que pour des eſclaues.   Au reſte, ſ'il y a quelque eſpece de cruauté dans le deſſein où il ſe porte
de faire mourir Hytaſpe, on ne la trouuera pas ex-
traordinaire ſi l'on connoiſt ce que peut ſur les eſprits vne amour deſordonnée: Et quand elle n'au-
roit pas eu des exemples dans noſtre temps, on pourra croire facilement que celuy qui tua de ſa propre
main le meilleur de tous ſes amis, puſt bien dans vne
déprauation pareille commander qu'on le deffit d'vn
Riual qui en cette qualité ne pouuoit eſtre que ſon
ennemy.   Adieu.

PRI-

PRIVILEGE

DV ROY.

LOVIS PAR LA GRACE DE DIEV ROY DE FRANCE ET DE NAVARRE, A nos amez & feaux les Gens tenans nos Cours de Parlement, Maiftres des Requeftes ordinaires de noftre Hoftel, Baillifs, Senefchaux, Preuofts ou leurs Lieutenans & tous autres Iuges & Officiers qu'il appartiendra, Salut. Noftre cher & bien-amé Baltafar Baro nous a fait remonftrer qu'il auoit compofé vne piece de Theatre, intitulée *PARTHENIE*, laquelle il defiroit faire imprimer & mettre en lumiere ; ce qu'il ne peut faire fans auoir nos Lettres à ce neceffaires, humblement nous requerant icelles. A CES CAVSES, defirant fauorablement traiter ledit expofant, nous luy auons

ē̃

permis & permettons par ces presentes de faire imprimer, vendre & distribuer ladite piece de Theatre par tel Libraire & Imprimeur qu'il aduisera bon estre, en tel volume & charactere que bon luy semblera, durant le temps & espace de cinq ans entiers & accomplis, à compter du iour que ladite piece sera acheuée d'imprimer pour la premiere fois : Pendant lequel temps nous faisons tres-expresses inhibitions & defenses à tous Libraires, Imprimeurs & autres de quelque qualité qu'ils soient, de contrefaire ledit Liure, sur peine de confiscation des exemplaires, & de trois mille liures d'amende : A la charge toutefois de mettre deux exemplaires dudit Liure en nostre Bibliotheque publique, & vn autre en celle de nostre tres-cher & feal le Seigneur SEGVIER Cheualier & Chancelier de France, à peine de nullité des presentes. CAR TEL EST NOSTRE PLAISIR, nonobstant clameur de Haro, Chartres Normandes & autres lettres à ce contraires. Donné à Paris le huictiesme iour de Iuillet

mil six cens quarante-deux, & de noftre
regne le trente-troifiefme.

Signé, Par le Roy en fon Confeil,
MATHAREL,

Et fcellé du grand fceau de cire jaune.

ET ledit Sieur Baro a cedé & tranfporté ledit
Priuilege à Antoine de Sommauille & Auguftin
Courbé marchands Libraires à Paris, fuiuant l'accord
fait & paffé entr'eux.

Les Exemplaires ont efté fournis.

Acheué d'imprimer le 15. Septembre 1642.

ACTEVRS.

NEARQVE. > Chefs de l'armée d'Ale-
HARPALE. > xandre.

ALEXANDRE.

EPHESTION, fauory d'Alexandre.

PARTHENIE, Princeffe efclaue.

HYTASPE, Prince & prifonnier de guerre.

CARINTE, confidente d'Alexandre.

LYCANDRE, Capitaine des gardes
d'Alexandre.

LA SCENE EST
dans la Perfe.

PAR-

PARTHENIE.

ACTE I.

SCENE PREMIERE.

HARPALE, NEARQVE.

HARPALE.

Songez-vous encore ?

NEARQVE.

Ouy, ie ne puis comprendre
Comment cet indomptable & fameux Alexan-
dre,
Ce Heros inuincible & si souuent vainqueur,
A pû manquer si tost de conduite ou de cœur.

HARPALE.

Si dans le champ de Mars sa valeur ne s'exerce,

A

Il en faut accuser les plaisirs de la Perse:
Desia de ses trauaux il veut se delasser.

NEARQVE.

Au chemin de l'honneur c'est trop peu s'auancer,
En matiere d'exploits qui s'arreste recule:
Ces climats sont pour luy les colonnes d'Hercule:
Il ne peut passer outre, & son oisiueté
Va destruire sa gloire & sa felicité.

HARPALE.

C'est à nous d'obéir à tout ce qu'il ordonne:
Autrefois nous aimant aupres de sa personne,
Il nous communiquoit ses desseins importans,
Il suiuoit nos conseils, mais ce n'est plus le temps.
S'il se plaist toutefois à viure en solitude,
Ce n'est ny par mespris, ny par ingratitude:
Il nous cherit sans doute autant qu'il fit jamais,
Quelque legere amour l'arreste desormais,
Dont la flame imitant celle d'vn feu de paille,
Nous guerira bië-tost du mal qui nous trauaille.

NEARQVE.

Cet amour toutefois peut faire en vn moment
D'vne foible estincelle vn grand embrasement.
On doit apprehender ce Dieu qui ne void goûte,

Sur tout, (ie le diray perſonne ne m'eſcoute)
Sur tout lors qu'eſchauffant les cœurs qu'il a
  vaincus
Il meſle à ſes fureurs les fureurs de Baccus.
Alexandre.

HARPALE.

Il eſt vray quelquefois il s'oublie,
Mais de tant de vertus ſon ame eſt ennoblie
Qu'il vaincra ce defaut.

NEARQVE.

Harpale cependant,
Eſſayons de pouruoir à ce mal éuident,
De crainte que l'armée à la fin ne periſſe,
De quelque eſpoir nouueau flatons noſtre milice,
Allons voir nos ſoldats.

HARPALE.

C'eſt tres-bien obſerué.
Allons, le Roy s'approche, il eſt deſia leué.

A ij

SCENE II.

ALEXANDRE, EPHESTION.

ALEXANDRE.

AH ne m'en parle plus! qu'oseroit entre-
    prendre
Celuy qui loin de vaincre est forcé de se rendre,
Et qui de ses exploits la memoire estouffant
A mis tous ses lauriers sous les pieds d'vn En-
    fant?

EPHESTION.

Certes ce changement me surprend & m'estône,
Faut-il qu'aux voluptez vostre ame s'aban-
    donne?
Ayant comme les Dieux obtenu des autels
Suiurez-vous le Destin des plus foibles mortels?
N'escoutez plus vos sens, & rendez-vous le
    maistre
De cette passion qu'vn aueugle fait naistre,
C'est le seul ennemy qui vous reste à dompter

ALEXANDRE.

Mais le seul ennemy qu'on ne peut surmonter.

EPHESTION.

Dans les plus grands perils est la plus grande
gloire.

ALEXANDRE.

A quoy sert de côbattre à qui craint la victoire?
Ie benis mon Destin tout bizarre qu'il est,
Ma défaite me charme, & ma flame me plaist.

EPHESTION.

De peur qu'elle vous traite auec trop d'insolence,
Il faudroit l'estouffer au poinct de sa naissance.

ALEXANDRE.

Helas! si tu sçauois quel objet la produit,
Si tu voyois l'esclat de l'astre qui me luit,
Tu le croirois fatal à qui bien le contemple:
Mais apprends vn Destin qui n'eut jamais
d'exemple.
Apres cette journée, où les Perses domptez
Virent mourir leur Prince & leurs prosperitez,
Harpale m'amena des esclaues si belles,

Qu'elles pouuoient charmer les cœurs les plus re-
belles.

Dés l heure j'ordonnay que durant mes repas
Les vnes chanteroient, les autres de leurs pas
Formant selon les airs des figures diuerses,
Flatteroient mon esprit des delices des Perses.
Ainsi, comme mes sens demeuroient enchantez,
Par ce meslange heureux de pas & de beautez,
Et qu'elles a l enuy s'efforçoient de me plaire,
I'en vys vne a l'escart pensiue & solitaire,
Qui d'vn œil curieux cherchant où se cacher,
Par honte ou par mespris refusoit d'approcher,
Ie l aborde, & feignant quelque peu de colere,
D'où vient (luy dy-ie alors d'vn ton graue &
seuere)
Que ton coupable orgueil refuse à mes desirs
Le soin auantageux d aider à mes plaisirs ?
Parle qui que tu sois, & soufmets a ma veuë
Les rares qualitez, dont le Ciel t'a pourueuë ;
Ne me refuse rien, regarde qui ie suis,
Ou si tu me desplais, songe a ce que ie puis.
Elle toute superbe & pompeuse en son geste,
Respond d'vne voix ferme, & toutefois modeste ;
Sire, ce qu aujourd huy tu recherches de moy,
Est digne d'vn Tyran, mais indigne d vn Roy.
Que ces lâches beautez deuant toy prostituent

Leurs infames appas qui charment, mais qui
    tuent,
Qu'elles t'accordent tout de crainte de perir,
Elles sçauent flatter, & moy ie sçay mourir.
Vse plus sagement des iaueurs de Bellonne,
Nagueres ie portois le Sceptre & la Couronne,
Et bien que desormais ces marques de grandeur
Ne soient plus dans mes mains elles sont dans
    mon cœur,
C'est là que despitant les coups de la Fortune
Et le fâcheux succez d'vne guerre importune,
Malgré ma seruitude & malgré tes projets
Ma vertu trouue encore vn sceptre & des sub-
    jets.
A ce mot la pudeur luy couurant le visage,
Defendit à sa voix d'en dire dauantage:
Mais pour se satisfaire & pour me toucher
    mieux,
Cette adroite beauté laissa faire à ses yeux,
Qui tous armez de traits & tous couuerts de
    flame,
Se rendirent bien-tost les maistres de mon ame.
Voy comme la Fortune a d'estranges reuers,
Cette esclaue triomphe au milieu de ses fers:
La Deité s'immole à la victime offerte,
Et ma seule victoire est cause de ma perte.

EPHESTION.

Cette flame est recente?

ALEXANDRE.

Ouy, trois iours seulement
En ont veu le progrez & le commencement.

EPHESTION.

Son nom vous est connu?

ALEXANDRE.

Son nom est PARTHENIE,
O QVE fut son ayeul, luy dont la tyrannie
Fit les Perses gemir, & qui pût autrefois
S'establir, quoy qu'indigne, au Thrône de leurs
Rois.

EPHESTION.

Il est à presumer qu'elle sçait vostre peine.

ALEXANDRE.

Ouy, mais cette beauté n'en est pas plus humaine:
Sa bouche toutefois doit bien-tost proferer
Tout le bien ou le mal que j'en dois esperer.

EPHE-

EPHESTION.

Qui luy parle pour vous ?

ALEXANDRE.

    Vne femme fidelle,
Qui le void tous les iours, qui fut prise côme elle:
Mais à qui sous l'espoir d'vn secours assidu
I'ay desia plus donné qu'elle n'auoit perdu :
Elle s'en vient à nous.

SCENE III.

ALEXANDRE, CARINTE, EPHESTION.

ALEXANDRE.

O *Fatale rencontre !*
Il n'est rien de fascheux que son œil ne me môtre,

CARINTE.

Sire.

         B

ALEXANDRE.

Ne parle point, ie lis dans ton abord
L'arreſt de ma diſgrace ou pluſtoſt de ma mort.
Pour exprimer l'excés du malheur qui me tou-
    che
Tes yeux n'ont pas beſoin du ſecours de ta bou-
    che,
Et ce que Parthenie a pour moy de rigueur
Me paroiſt ſur ton front comme il eſt dans ſon
    cœur.

CARINTE.

Vous l'auez reconnu, grand Prince, ie l'auoüe,
De voſtre Majeſté cette ingratte ſe joüe,
Et ce cœur orgueilleux ſe moque également
Des diſcours d'vne femme & des vœux d'vn
    Amant.
La coupable préfere à ſa grandeur future
Le déplorable eſtat de ſa triſte auanture,
Et plus ie l'entretiens du feu dont vous bruſlez,
Plus de vos ſentimens les ſiens ſont reculez:
Si rien ne l'a pù vaincre, il eſt tẽps que j'exprime
L'excés de ma douleur, & celuy de ſon crime,
Qui fait qu'en vn beſoin ſi iuſte & ſi preſſant
Ie ne puis vous preſter qu'vn ſecours impuiſſant.

ALEXANDRE.

Impuiſſant! ah ſenſible & cruelle ſentence!
Carinte, tu n'as pû forcer ſa reſiſtance?
Il faut que ſon malheur ait d'eſtranges appas
Puiſque pouuant le vaincre elle ne le veut pas:
Mais dy moy ie te prie, as-tu mis en vſage
Tout ce que peut l'eſprit pour fléchir vn courage?
Et faiſant le tableau de mes viues douleurs
N'as-tu point eſpargné tes meilleures couleurs?

CARINTE

Si j'ay rien oublié pour vaincre cette ingratte,
Qu'en ce moment ſur moy voſtre colere eſclatte.
I'ay parlé de la gloire ou l'Amour l'eſleuoit,
Si ſon cœur adoucy vos flames approuuoit:
I'ay dépeint vos vertus plus fortes que vos ar-
      mes,
I'ay pouſſé des ſanglots, j'ay répandu des larmes,
Enfin j'ay pratiqué pour voſtre allegement
Tout ce que peut l'adreſſe auec le jugement.

ALEXANDRE.

En deuſſay-ie augmenter mon amoureux ſup-
      plice,
Il faut que ſur ce point mon ame s'eſclairciſſe,

PARTHENIE.

Et ſi ie dois mourir, comme j'y ſuis tout preſt,
Qu'au moins ſa belle bouche en prononce l'arreſt.
Va (cher Epheſtion) querir cette inhumaine,
Teſmoin de mon amour ſois teſmoin de ſa haine:
Mais voyant cet objet à mon repos fatal,
Fay que mon confident ne ſoit pas mon riual.

EPHESTION.

Ie me connois trop bien, Sire, & j'ay moins d'enuie
De manquer de reſpect que de manquer de vie.

ALEXANDRE.

à part. Se moquer de mes fers au lieu de les porter,
A ſon ingratitude vn meſpris adjouſter,
Ah rigueur ſans pareille! ô laſcheté coupable!
Mais ce que tu m'as dit eſt-il bien veritable?
Carinte, encor vn coup, ne me déguiſe rien,
Parthenie a mon cœur, ne puis-ie auoir le ſien?
Croy-tu point que le temps qui change toutes
choſes,
Qui chaſſe les glacons & ramene les roſes,
Puiſſe chaſſer auſſi les glaces de ſon ſein,
Et d'vn myrthe amoureux couronner mon deſ-
ſein?

CARINTE.

Lire dans l'auenir excede ma puiſſance.
Peut-eſtre cet eſprit où regne l'arrogance
Changera de nature & deuiendra plus doux.
Iuſqu'icy l'apparence eſt toute contre vous.
Ie ſçay que ce diſcours dont ie vous importune
Nuit a voſtre repos autant qu'à ma fortune :
Mais deuſſay-ie rentrer dans ma captiuité,
Ie ne veux rien cacher à voſtre Majeſté.

ALEXANDRE.

Quelque extréme douleur qui m'oblige à me
    plaindre,
Carinte, ſur ce poinct tu n'as plus riē à craindre,
Quoy que ton aſſiſtance ait eu fort peu d'effet,
I'aime à te voir joüir du bien que ie t'ay fait,
Vy plus libre que moy longue ſuite d'années,
Mais voicy la beauté qui fait mes deſtinées,
Que ſes regards ſont doux ! ô ſort capricieux !
Faut-il qu'ell'ait vn cœur ſi contraire à ſes yeux?

SCENE IV.

PARTHENIE, ALEXANDRE, EPHESTION, CARINTE.

PARTHENIE.

PRince victorieux, me voicy prosternée
Pour subir quelque peine où ie sois condânée,
Le seul bien que j'espere, & que j'ay souhaitté,
C'est de perdre la vie apres la liberté.
Il est temps d'achever le cours de mes miseres,
Ton bras a renversé le Trône de mes peres:
Et s'il a dans sa cheute entraisné mes parents,
Souffre que nos Destins ne soient point differets.
Puisque ta main se plaist dans le sang qui la
    souïlle,
Immole à ta fureur cette foible dépoüille
Qui ne peut assouuir ton desir indiscret,
Voulant viure sans tache, & mourir sans regret.

ALEXANDRE.

Ce beau nom de vainqueur, doux objet de mes
    peines,

Conuient mal à celuy qui languit sous tes chaîs-
  nes ;
Et puisqu'à ton triomphe il se rapporte mieux,
Tu dois garder pour toy ce tiltre glorieux.
Que ta crainte aujourd'huy cede à ton esperance,
Alexandre t'adore, il est sous ta puissance,
Et ce Prince amoureux, né pour te respecter,
Te demande la vie au lieu de te l'oster.
Ie croy que tes parents ont veu dans cette guerre
Et leurs Sceptres brisez, & leurs Tiônes par
  terre :
Mais loin de m'accuser d'aucun crime commis,
Souuiens toy seulemët qu'ils m'estoient ennemis.
Ie puis, si tu le veux, releuer ta fortune,
Ma valeur te rendra cent Couronnes pour vne,
Pour ta gloire Alexandre est tout prest de s'ar-
  mer,
Et pour en estre digne il ne faut que l'aimer.
Ne croy pas que l'amour, ce tyran qui me domte,
M'inspire des desirs qui tendent a ta honte,
Par le secret effort d'vne discrette loy
La flame dont ie brusle est pure comme toy.
Mais quoy tu ne dis mot ? qui te rend si farou-
  che ?
Si tu fermes ton cœur au moins ouure ta bouche,
Et respons aux discours que fait ma passion,

Si tu ne veux respondre à mon affection.

PARTHENIE.

La douleur est muette alors qu'ell' est extréme,
La mienne est dans ce poinct, elle se taist de mé-
  me
Sire, & pour bien parler de mes ennuis diuers,
C'est assez que mes yeux aux larmes soient ou-
  uerts.
Vostre amour vraye ou feinte en vain me solli-
  cite,
Ie connois mes defauts comme vostre merite,
Et sçay bien que sans crime on ne peut desirer
Vn bien où la raison nous defend d'aspirer:
Mais quand vostre bonté, que nulle autre n'é-
  gale,
Releuant mes Estats de leur cheute fatale,
Feroit luire vn beau iour dans l'horreur de mes
  nuits,
Ce iour m'affligeroit en l'humeur où ie suis.
Ouy quand du monde entier j'aurois fait la con-
  queste,
Quelque esclat de grandeur qui brillast sur ma
  teste,
Ne feroit qu'adjouster vn sujet de douleur
Au secret déplaisir qui me ronge le cœur.

ALE-

ALEXANDRE.

Trop aimable beauté, n'oserois-tu me dire
D'où naissent les souspirs qui marquent ton
    martyre?
Pouuoir dire son mal, c'est guerir à demy,
Ne me regarde plus comme ton ennemy,
Exhale ta douleur, ouure-moy ta pensée,
Pourueu que mon amour n'y soit point offensée,
Ie iure d'entreprendre y deussay-ie perir,
Quoy qu'il faille tenter afin de te guerir.

PARTHENIE.

Puisqu'il faut descouurir, Monarque magna-
    nime,
Combien de mes regrets la cause est legitime,
Ie ne veux plus tenir vostre esprit en suspends
Hytaspe est le sujet des pleurs que ie respands,
Deux ans sont expirez, depuis l'heure cruelle
Que mon pere quittant sa depoüille mortelle
Luy remit la Couronne, & le fit successeur
D'vn Thrône chancellant dont il fut possesseur.
Ce frere genereux, pour lequel ie souspire,
Auec moy partagea le soin de son Empire:
Nous nous vismes esgaux de naissance & de
    rang,

C

Et plus proches encor d'amitié que de sang.
Si-tost qu'il eut calmé les tempestes publiques,
Darie en son endroit commença ses pratiques,
Et de mille vertus le voyant assorty,
Engagea son courage à suiure son party :
L'on & l'autre vaincus ont máqué de puissance
Mars a voulu trahir leur commune esperance
Ils ont à leur dommage éprouué la valeur
D'vn Roy dont la fortune a surmonté la leur:
C'est ainsi que sa cheute a fait mon précipice ;
Mais ce qui me trauaille auec plus de malice,
Et dont le coup mortel me blesse plus auant,
C'est le doute ou ie suis s'il est mort ou viuant.
Par pitié tirez-moy de cette inquietude
Que ie sçache sa mort ou bien sa seruitude.
Mon cœur dans sa misere est prest à vous benir
S'il peut de vos bontez cette grace obtenir.

ALEXANDRE.

Si ton frere a senty les rigueurs de la Parque
Comme de mon bon-heur sa mort est vne mar-
que,
Ne le pouuoir donner à tes justes desirs
Est aussi le plus grand de tous mes déplaisirs:
Mais s'il a de nos coups eschappé la tempeste,
Si les foudres de Mars ont épargné sa teste,

Et s'il est tombé vif dans les mains du vain-
  queur
Pour payer sa rançon, c'est assez, de ton cœur:
Donne ordre Ephestion qu'on fasse vne reueuë,
Et que ma volonté dans mon camp soit connuë:
Honore de presens au delà de ses vœux
Quiconque me rendra ce prisonnier fameux;
Cependant Parthenie allege ta tristesse,
Ie voy dans ta douleur vn excez, qui me blesse
Espere, & te montrant plus douce à l'auenir,
Songe à me faire grace afin de l'obtenir.
Pour toy, suy Parthenie en quelque part qu'elle
  aille,
Fay qu'à ma passion ton secours ne defaille,
Mesure toy pourtant, ne l'importune pas.   Il sort.

CARINTE.

Sire, ie me rendray compagne de ses pas,
Et feray vanité, quelques maux qui m'arriuët,
D'imiter en cela vos pensers qui la suiuent.

EPHESTION.

Differer d'obéir à ce commandement,
Ce seroit differer vostre contentement:
Ie vay donc trauailler à vous tirer de peine.

C ij

PARTHENIE.

Helas! vous ne ferez qu'vne recherche vaine.

EPHESTION.

On peut tout esperer des caprices du sort,
Plusieurs prés du naufrage ont rencontré le port,
Dans ce dernier cōbat l'vn des Chefs de Darie
Alloit de nos soldats éprouuer la furie,
Et sans doute il fut mort si prompt à son secours
Ie n'eusse pris le soin de conseruer ses jours:
Il est mon prisonnier, ce cher frere de mesme
Rencontrant quelque Azyle en ce peril extres-
    me,
N'aura point succombé sous vn pire Destin,
Et de quelque autre Chef il sera le butin.

PARTHENIE.

Le permette des Dieux l'immortelle puissance:
Mais si m'en enquerir ne passe pour offence,
Que ie sçache le nom de vostre prisonnier.

EPHESTION.

C'est ce qu'à ma priere il a pû dénier.
On remarque pourtant, quelque chose qu'il fasse,
Qu'il n'a rien qui tesmoigne vne naissance basse.

PARTHENIE.

PARTHENIE.

Sa taille?

EPHESTION.

Riche & belle.

PARTHENIE.

Et son teint?

EPHESTION.

Vn peu brun.
Mais sa grace l'esleue au dessus du commun,
On voyoit vn lyon ramper sur sa rondache,
Et son casque ombragé d'vn superbe pennache,
Sembloit representer, tout incarnat & blanc,
Dans des ondes de laict d'autres ondes de sang.

PARTHENIE.

O rencontre inoüye! ô pourtrait veritable!
Hytaspe est ce captif.

EPHESTION.

Cela n'est pas croyable.

C iij

PARTHENIE.

C'eſt luy-meſme.

EPHESTION.

O prodige!

PARTHENIE.

Il n'en faut plus douter,
Quel prix en voulez-vous? ie veux le rachetter.

EPHESTION.

Ne pouuant ignorer que le Roy le demande,
Ie ne dois qu'a luy ſeul conſacrer cette offrande:
Mais ne languiſſez pas, vous l'aurez aujour-
d'huy:
Car ce preſent eſt digne & de vous & de luy.

PARTHENIE.

Au moins Epheſtion, permettez que j'eſpere
Que vous me nommerez à cet aimable frere,
Et pour luy teſmoigner comme ie vys encor,
Dōnez luy cet anneau, c'eſt mon dernier treſor.
Si vous l'obſeruez bien, au nom de Parthenie
Vous verrez de ſon cœur la triſteſſe bannie:
Mais afin que ce nom ait toute ſa douceur,

Adjouſtez-y touſiours la qualité de ſœur.

EPHESTION.

Ce gage precieux d'vne amour fraternelle
Ne pouuoit rencontrer vn porteur plus fidelle:
Madame, aſſurez-vous qu'il luy ſera remis
Puiſque vous l'ordonnez, & que ie l'ay promis.

PARTHENIE.

Qui retient donc vos pas?

EPHESTION.

Ie veux vous reconduire.

PARTHENIE.

Pourquoy perdre du temps? vn moment nous
  peut nuire.
Haſtez-vous.

EPHESTION.

I'obéis.

PARTHENIE.

Qui vous peut retarder?
Carinte que voicy ſuffit a me garder.

PARTHENIE.

CARINTE.

Ainsi, vous ne sçauriez aujourd'huy vous dé-
fendre
De prendre vne faueur de la main d'Alexandre.

PARTHENIE.

Ie voudrois la tenir, & ie crains seulement
Qu'il la faille achetter vn peu trop cherement.

ACTE

ACTE II.

SCENE PREMIERE.

HYTASPE, EPHESTION.

HYTASPE.

Verrier digne d'amour auſſi bien que
    d'ennie,
N'eſtoit-ce pas aſſez de vous deuoir la
    vie?
Deuiez-vous trauailler à mon contentement,
Et par cette faueur m'acquerir doublement?
Des ſuperbes lauriers que la victoire donne
Voſtre front doit porter vne double couronne,
Puiſque par des vertus ſi rares aux vainqueurs
Vous ſçauez l'art de vaincre & les corps & les
    cœurs.
Dieux juſtes ennemis des ames criminelles,
Rendez ma ſeruitude & ma peine eternelles,
Si pour tant de bien-faits ne pouuoir rien offrir,

D

N'eſt de tous mes malheurs le plus rude à ſouf-
frir.

EPHESTION.

La guerre a ſes Deſtins, vaincre eſt vn auātage
Ou le ſort contribuë autant que le courage.
Si j'euſſe ſuccombé ſous l'effort de vos coups,
Vous euſſiez fait pour moy ce que j'ay fait pour
    vous.
Cette maſle vertu, cette forte vaillance,
Ne ſe peut ſeparer d'auecque la clemence :
Elle oſte quelque choſe au malheur des vaincus,
Et ce n'eſt pas leur ſang qu'elle cherche le plus.
Telle que les torrens en leur cheute effroyable,
A quiconque reſiſte ell'eſt impitoyable,
Tout obſtacle l'irrite au lieu de l'eſtonner
Mais comme elle aime à vaincre, elle aime à
    pardonner.
Mon Roy ſous qui la Perſe eſt enfin tributaire,
Eſt de cette vertu le parfait exemplaire :
Les peuples infinis que ſon bras a domtez,
Ont comme ſon courage éprouué ſes bontez.
Quittez donc cet ennuy dont voſtre ame eſt at-
    tainte,
Fermez vos yeux aux pleurs voſtre bouche à la
    plainte,

Et certain d'esprouuer vn vainqueur genereux,
Cessez de vous conter parmy les malheureux.

HYTASPE.

Si ma bouche à toute heure aux sanglots est ou-
    uerte,
Ils n'ont pour leur objet mon salut ny ma perte,
Celuy qui m'a vaincu m'a reduit a ce poinct
Que ie porte des fers qui ne me pesent point,
Ma défaite est vn mal dont ie fay peu de conte,
La gloire d'Alexandre en efface la honte,
Et ie voy sans regret triompher en ces lieux
Vn Monarque sorti de la race des Dieux :
Mais helas! Parthenie, ah! ie meurs quand j'y
    pense,
Trouue dans sa fortune vn peu trop d'inconstace.
Cette jeune beauté dont le Ciel fut jaloux
Meritoit du Destin vn traittement plus doux.
O coupable dessein funeste à ma memoire!
I'ay moy-mesme creusé le tombeau de sa gloire,
Ie l'ay fait trebucher du Trône dans les fers,
Du faiste au précipice, & du Ciel aux Enfers.

EPHESTION.

Celle dont vous jugez le sort si déplorable
Est preste à posseder vn bien incomparable,

Sa grace & sa vertu l'esleuent desormais
Ou nulle autre beauté ne pretendit iamais :
C'est pour elle en vn mot qu'Alexandre souspire.
Ce Roy qui va donner des Loix a cet Empire
Les reçoit de ses yeux, & presque au mesme iour
Qu'on vous fit son captif il le fut de l'Amour.

HYTASPE à part.

Dieux ! que viens-ie d'ouïr, quelle estrange nou-
    uelle ?
Alexandre amoureux, Parthenie infidelle !
Gage de mon amour ne reuiens-tu vers moy
Qu'afin de m'annoncer qu'ell' a manqué de foy ?

EPHESTION.

Il en est tout surpris.

HYTASPE.

                    A quoy tout ce mystere
De se dire ma sœur de me nommer son frere ?
Veut-elle à ma disgrace adjouster son courroux,
Et me rauir le tiltre ou d'Amant ou d'Espoux ?
Vaillant Ephestion, excusez ie vous prie
Le temps que mon esprit donne à la resuerie,
Au prix de Parthenie Alexandre est si grand
Qu'auec quelque raison sa flame me surprend :

Mais si jusqu'a l'aimer ce Monarque s'abaisse,
Amour de cet honneur fait vn trait qui la blesse,
Pour ne paroistre pas ingrate extremem[ent]
Elle respond sans doute aux vœux de cet Amāt.

EPHESTION.

Elle ne peut qu'en vain luy faire resistance:
Mais j'apperçoy desia le Prince qui s'auance.

SCENE II.

ALEXANDRE, EPHESTION,
HYTASPE.

ALEXANDRE.

ET bien, Ephestion, as-tu bien obserué
Ce que ie t'ay prescrit ?

EPHESTION.

Sire, Hytaspe est trouué,
Tout rid à vos desirs, rien ne vous est contraire,
Et lors que ie songeois à frāchir pour vous plaire
Quelque extreme peril qu'il eust fallu tenter,
I'auois entre les mains dequoy vous contenter.

J'auois en mon pouuoir ce prisonnier de guerre,
Dont le bras aussi fort que l'esclat d'vn ton-
nerre
Fatal & redoutable aux soldats les plus fiers
Ouurit à son abord nos bataillons entiers:
Ie puis sans le flatter dire que sa vaillance
Tint seule assez long-temps la victoire en ba-
lance:
Il estoit par trois fois au combat retourné,
Mais ce Prince à la fin des siens abandonné,
Estoit prest de descendre en l'infernale barque
Quand ie vins arrester le cizeau de la parque:
Il ne resistoit plus lors que de vos soldats
I'arrestay la fureur & ie retins le bras,
Et pour vous acquerir sa vie & son seruice,
Ie rauis au Dieu Mars ce sanglant sacrifice.

ALEXANDRE.

C'est vn trait de vertu d'aider les affligez,
La tienne en le sauuant nous a tous obligez,
Et ie dois des autels à cet heureux Genie
Qui veille à conseruer Hytaspe & Parthenie:
Mais c'est trop s'amuser, il est temps de le voir.

EPHESTION.

Hytaspe, on est tout prest à vous bien receuoir.

HYTASPE.

Monarque redouté sur la terre & sur l'onde,
Qui deuez imp fer des Loix a tout le monde,
Conquerant glorieux dont les exploits diuers
D'vn juste estonnement ont remply l Vniuers,
N attendez pas de moy qu'vne lasche priere
Sollicite auiourd huy ma liberté premiere.
Darie est expiré, mon desir le plus fort
L ayant aimé viuant c'est de le suiure mort.
Si le Ciel à mes vœux eust esté fauorable
Alexandre eust mis fin à mon fort déplorable,
Mais les Dieux opposez à mon noble dessein
M ont refusé l honneur de mourir de sa main;
I'ay recherché pourtant vne gloire si haute,
Grand Roy, ie ne crains point de confesser ma
  faute,
Hytaspe a redoublé son courage & ses coups
Pour se faire vn passage à donner jusqu'à vous,
Et tasche par l'effort d'vn combat legitime
D'immoler Alexandre, ou d'estre sa victime.
Ainsi, vaillant Heros, n'ayant rien merité
Qu vn juste chastiment de ma temerité,
Si ie ne veux icy blesser vostre Iustice,
Ie ne dois esperer qu vn rigoureux supplice.

ALEXANDRE.

Hytaſpe ne crains rien, quelque ſecret demon
Me force a reſpecter la grandeur de ton nom.
Celle de qui la voix occupe tant d'oreilles
M'ayant entretenu du bruit de tes merueilles,
I'ay ſouhaité cent fois que le Ciel m'euſt permis
De ne te conter point parmy mes ennemis :
Mais la loy dont les Dieux ont reglé noſtre vie
A ſans doute ſeruy d'obſtacle à cette enuie,
Afin que ton bon-heur ſous le mien expirant
Le luſtre de ma gloire euſt vn éclat plus grand.
Maintenant que Bellonne à tes vœux eſt con-
    traire,
Change au doux nom d'amy le tiltre d'aduer-
    ſaire,
Ouure toy ce chemin à la proſperité,
Et donne quelque choſe à la neceſſité.

HYTASPE.

Cet honneur eſt ſi grand que ſans vne imprudēce
Ie n'en puis conceuoir la plus foible eſperance :
Et quand à ce bon-heur ie pourrois aſpirer,
Ce ſeroit laſcheté que de le deſirer,
Comme ma volonté ma puiſſance eſt bornée,
Ie ne puis retracter la foy que j'ay donnée,

Ell'eſt

Ell'eſt trop engagée, & Darie aujourd'huy
Dans vn meſme tōbeau l'enferme auecque luy.

ALEXANDRE.

Darie a ſuccombé ſous l'effort de mes armes,
I'ay regretté ſa mort, j'en ay verſé des larmes:
Mais autant que ſon nom fut digne de reſpect
Autant à ma grādeur ſon Sceptre eſtoit ſuſpect.
Vous auez ſatisfait Hytaſpe ce me ſemble
Aux loix de l'amitié qui vous lioit enſemble:
Vous pouuez aujourd'huy vous donner au plus
   fort
Sans bleſſer voſtre hōneur ny les Manes du mort.

HYTASPE.

Par le vœu que j'ay fait de ſuiure ſa fortune
La rigueur de ſon ſort me doit eſtre commune.

ALEXANDRE.

Vous voudriez donc le ſuiure en l'horreur dū
   trepas?

HYTASPE.

Oüy, l'eſtat où ie ſuis ne m'en diſpenſe pas.

ALEXANDRE.

Si, libre de vos fers vous auiez la puiſſance

E

D'oppoſer à mon bras vne juſte defenſe,
On ſçait bien qu'il faudroit mourir ou le vanger,
Et ce ſeroit alors vn crime de changer:
Mais voir ſous vn vainqueur ſa franchiſe aſ-
　fermie,
N'eſtre pas ſeulement aſſuré de la vie,
Voir ſa ſœur priſonniere, & ſes Eſtats perdus,
N'eſt-ce auoir aſſez fait, que voulez-vous de
　plus?
Hytaſpe croyez-moy, quittez cette penſée,
Songez au déplaiſir d'vne ſœur delaiſſée
Que vous perdriez ſans doute en vous laiſſant
　perir,
Sauuez-la, ſauuez-vous, mais qu'on l'aille que-
　rir,
Elle vous forcera d'accepter cet Azyle.

HYTASPE.

J'oppoſe à ces raiſons vn effort inutile.
Grand Roy, de vos bontez les charmes ſont ſi
　grands
Qu'on n'y peut reſiſter, ie cede, ie me rends:
Mais pour bien reconnoiſtre vne pareille grace,
Preſcriuez à ma main ce qu'il faut qu'elle faſſe:
Doit elle conſeruer les murailles de Tyr?
Doit-elle ſous vos Loix l'Arabe aſſujettir,

Ou bien par des exploits d'eternelle memoire
Faire aux Scythes felons adorer vostre gloire?
Ie suis prest. Mais bons Dieux l'est ange aueu-
    glement!
Pardonnez, grand Monarque, à ce déregle-
    ment,
Ie ne regarde pas que cet homme, qui braue,
Porte encore des fers qui le tiennent esclaue,
Et que décheu du trosne où ie soulois monter,
Ie puis faire vn dessein, & non l'executer.

ALEXANDRE.

Secondant le progrés de mes armes prosperes
Tu porteras encor le Sceptre de tes peres.
Hytaspe espere tout de ta fidelité,
Honneur, tresors, amis, couronne, liberté,
Mais ie me sens pressé contre mon ordinaire,
T'accordant ces faueurs d'estre vn peu merce-
    naire
Ie voudrois te prescrire vne Loy seulement.

HYTASPE.

Arbitre de mon sort, commandez hardiment,
Imposez-moy des Loix les plus rudes du monde
Pourueu qu'a vos desirs ma puissance responde.
Ie conjure les Dieux de me vouloir punir

Si ie ne meurs pluſtoſt que d'y contreuenir.

ALEXANDRE.

Aſſuré de ta foy ſi ſaintement promiſe
<small>Il luy
ceint
l'épée.</small> *I'ouure icy ta priſon, ie te rends la franchiſe :*
Reçoy la toutefois ſous la condition
De ne me quitter pas ſans ma permißion.

HYTASPE.

Ne vouloir qu'vne choſe où le deuoir m'engage,
C'eſt exiger trop peu.

ALEXANDRE.

    Tu pourras dauantage
Si tu veux conſentir à diſpoſer ta ſœur
De m'accepter enfin pour juſte poſſeſſeur :
I'aime qui me cherit, ie hay la tyrannie,
Inſpire mon exemple au cœur de Parthenie,
Fay que par ton ſecours mon mal ſoit allegé,
Et ton liberateur ſera ton obligé :
Si tu portes mon feu dans cette ame de roche
Ie iure, tu paſlis, ah! l'ingratte s'approche,
Son cœur impatient bruſle de te reuoir,
Hytaſpe ie te prie vſe de ton pouuoir,
Et pour me rendre tien fay que cette cruelle
Ne ſoit pas deſormais moins ſenſible que belle.

SCENE III.

ALEXANDRE, PARTHENIE,
HYTASPE, EPHESTION.

ALEXANDRE.

Parthenie à la fin les Dieux ont eu pitié
De mon amour extreme & de ton amitié,
Tes pleurs & mes souspirs ont fléchi leur courage,
Ils nous offrent le calme apres vn peu d'orage,
Et semble desormais que par la mesme Loy
Qu'ils te rendent ton frere ils te donnent à moy:
Mais c'est faillir icy contre la bien-seance
Que de ne rien donner à ton impatience.
Reçoy donc la faueur dont t'obligent les Cieux,
Et va porter les bras où tu jettes les yeux,
Pour accroistre la soif dont l'ardeur me tourmēte
Presse de cent baisers cette bouche innocente,
Haste toy, qui retient ton esprit & tes pas?

PARTHENIE.

Ie voudrois obéir, mais ie ne le doibs pas,
Le respect m'en empesche, & sa chaisne est trop
    forte

Pour souffrir qu'à vos yeux mon amitié s'em-
porte :
Loüer voftre bonté, qu'on ne peut limiter,
Eft le premier deuoir dont ie veux m'acquiter.
Grand Roy, permettez donc...

ALEXANDRE.

Ie te ferme la bouche.
Si de ce que j'ay fait la memoire te touche
Ie feray trop heureux que ton cœur feulement
En veuille conferuer quelque reffentiment :
Mais defia trop long-temps ma prefence impor-
tune
Trouble deux volontez dont le fang ne fait
qu'vne.
Va careffer ta fœur Hytaffe, & fouuiens toy
D'acquitter aujourd'huy ton ferment & ta
foy.

EPHESTION.

Vous voyez, fi ie fuis veritable & fidelle.
La bague...

ALEXANDRE.

Ephestion.

EPHESTION.

Mais le Prince m'appelle.
Hytaspe vous dira combien exactement
J'ay pris soin d'obseruer voftre commandement.

PARTHENIE.

Les Dieux reconnoiftront vne faueur fi grande.

HYTASPE.

Ma Reine.

PARTHENIE.

Parle bas de peur qu'on ne t'endende,
Carinte que voylà me veille de fi prés,
Complice du deffein de ce Prince des Grecs,
Qu'ell'eft comme mon ombre à mes pas atta-
chée.

HYTASPE.

Iuftes Dieux! noftre amour doit-elle eftre cachée?
Quel Tyran nous foufmet à des arrefts fi durs?
Vid-on jamais des feux ny plus beaux ny plus
purs?
Vn Efpoux...

PARTHENIE.

Ah! c'est trop, n'en dis pas dauantage,
En pensant m'obliger tu me fais vn outrage,
Croy que si nos discours peuuent estre entendus,
Ce mal est sans remede, & nous sommes perdus.

CARINTE à part.

Me tenir pour suspecte à leur intelligence,
C'est forcer mon esprit à quelque défiance.

HYTASPE.

Puisqu'aujourd'huy ce nom tout aimable qu'il
est,
Au lieu de vous flatter vous trouble & vous dé-
plaist,
Que dois-ie presumer si ce n'est que vostre ame
Se dispose à brusler d'vne estrangere flame?
Vos yeux ont allumé celle d'vn conquerant,
Tout le monde est instruit des deuoirs qu'il vous
rend,
Et par combien d'efforts sa passion extreme
Tasche de me rauir la moitié de moy-mesme.

PARTHENIE.

Dés lors que jusqu'à toy ce bruit est arriué,
Mon

Mon loüable deſſein deuoit eſtre approuué,
Et loin de ſoupçonner ma conſtance infinie,
Tu deuois admirer le ſoin de Parthenie.
I'ay craint auec raiſon que la haine du Roy
Te ſcachant mon époux n eſclattaſt contre toy,
Et qu'il ne vouluſt perdre vn Prince que j'eſpe-
re
Qu'il voudra conſeruer ſous ce doux nom de
frere :
Mais c eſt trop en parler, prenons à l'auenir
Vn lieu plus fauorable à nous entretenir.

HYTASPE.

Ie bruſle pour cela d'vne amour nompareille.

PARTHENIE.

Si ie puis m'eſchapper de celle qui me veille,
Dans vne heure au jardin nous pourrons nous
reuoir.

HYTASPE.

Taſchez de la tromper.

PARTHENIE.

I'y feray mon pouuoir.   Il s'en
va.

F

CARINTE.

Ou vos yeux sont menteurs, ou vostre ame est
contente.

PARTHENIE.

Ma fortune ressemble vne Mer inconstante,
Dont le calme profond est vn signe certain
Qui presage aux Nochers vn Orage prochain.

ACTE III.

SCENE PREMIERE.

ALEXANDRE, CARINTE.

ALEXANDRE

Elas! que m'as-tu dit? tes nouuelles,
  Carinte ,
Forment dans mon esprit vn confus la-
  byrinte.
O Dieux! est-il bien vray que cet obiet charmāt
Feignant d'aimer vn frere idolatre vn amant?
Les pleurs qu'elle a versez dans sa triste auan-
ture
Regardoient-ils l'Amour plustost que la Natu-
re?
Carinte si tu peux m'esclaircir sur ce point,
Haste-toy de le faire & ne me flatte point.

CARINTE.

Mes yeux en ont jugé plustost que mes oreilles

F ij

Ayant bien obserué ses douleurs nompareilles
I'ay pû douter qu'vn frere euſt des charmes ſi
	forts
Qu'ils puſſent exciter ces funeſtes tranſports:
Mais quand bien ce ſoupçon euſt eu moins d'ap_
	parance,
I'aurois dû le fonder deſſus leur défiance:
Car s'eſtans eſloignez,leurs regards deſignoient
Combien j'eſtois ſuſpecte au diſcours qu'ils te-
	noient.
Hytaſpe tout rauy de l'objet de ſa flame
Sembloit faire vn effort pour exhaler ſon ame;
Parthenie au contraire arreſtoit doucement
Le cours impetueux de ce prompt mouuement,
Mais plus elle taſchoit de couurir ſon martyre,
Plus elle m'enſeignoit ce que ie viens de dire.

ALEXANDRE.

Hytaſpe n'a donc point depuis noſtre entretien
Parle de mon amour?

CARINTE.

	Non pas meſme du ſien:
Pour donner vn peu d'air à leur flame commu-
	ne
Ma preſence ſans doute eſtoit trop importune.

ALEXANDRE.

Ton rapport n'a pour moy que trop de verité,
Le mépris qu'elle fait de ma fidelité,
Sa rigueur, ses souspirs, & sa douleur extréme,
Disent ouuertement c'est Hytaspe qu'elle aime.
La coupable qu'ell est se mocque de mon mal,
Au mépris de ma gloire elle esleue vn riual
Qui dans son infortune à nulle autre seconde
Se peut dire pourtant le plus heureux du monde.
Mais deussay-ie appeller l'Enfer à mon secours,
Ie veux de ce bon-heur interrompre le cours,
Ie veux tout employer, soins, trauaux & serui-
      ces
Pour forcer Parthenie à finir mes supplices,
Ou la trouuant rebelle à m'accorder ce bien
Faire vn mesme torrent de son sang & du mien.
Mais sans doute en ce lieu quelque dessein l'ap-
      pelle,
Laisse-moy seul, Carinte, vn moment auec elle,
Il faut que mon amour fasse vn dernier effort.

SCENE II.

ALEXANDRE, PARTHENIE.

ALEXANDRE

OV s'en va Parthenie?

PARTHENIE.

Où m'appelle mon fort
Souspirer mes mal-heurs, pleurer ma seruitude
A la faueur de l'ombre & de la solitude.

ALEXANDRE.

Hytaspe retrouué vos pleurs doiuent cesser,
Il n'est point de douleur qu'il ne puisse chasser,
Ce frere tout brillant d'vne gloire infinie
A tiré du tombeau l'espoir de Parthenie,
Et s'il joint sa vaillace aux beautez de sa sœur,
Il peut du monde entier se rendre possesseur.

PARTHENIE.

*Rire des malheureux quand le sort les outrage,
C'est en quelque façon trahir vostre courage,

Au poinct où nous a mis la colere des Cieux
On ne doit redouter ny son bras ny mes yeux.

ALEXANDRE.

Peut-on ne craindre point des armes tousiours
   prestes
A faire sur les cœurs de nouuelles conquestes ?
Non, les traits de vos yeux penetrent trop auãt,
Et pour n'estre pas craints ils blessent trop sou-
   uent,
De leurs diuins appas le charme inéuitable
De tous mes ennemis est le plus redoutable :
Luy seul a pû borner le cours de mes exploits,
Et sousmettre ma gloire au pouuoir de ses loix.
Que si ma passion vous est assez connuë
Pourquoy tant de froideur ou tant de retenuë ?
Il est temps belle ingratte, il est temps de penser
A punir mes desseins ou les recompenser.
Si l'ardeur que ie sens fut iamais criminelle,
N'espargnez, ny courroux ny supplices cõtr'elle :
Mais si d'vn feu tout saint mõ courage est épris,
Vostre cœur Parthenie en doit estre le prix :
C'est trop le refuser aux larmes d'Alexandre,
C'est contre ses efforts trop long-temps se defen-
   dre,
Regardez ma blessure & pour ma guerison

Consultez vne fois l'amour & la raison,
Si mes iustes desirs ont le bien qu'ils pretendent,
De cent Princes vaincus les trosnes vous atten-
　　dent,
Vos plus simples regards feront autant de loix,
Et vos pieds fouleront les couronnes des Roix.

PARTHENIE.

Ce faiste de grandeur regarde vn precipice,
Dont l'horreur m'épouuente auec trop de iustice,
Outre que pour monter à ce poinct bien-heureux
Le degré ce me semble est vn peu dangereux,
La fortune en veut trop au repos des Monar-
　　ques,
Ma cheute en a donné de si funestes marques,
Que le bien le plus grand ou se porte mon chois,
C'est de ne tomber point vne seconde fois.

ALEXANDRE.

Que vostre cruauté vous rend ingenieuse!
Vous craignez d'estre mienne & non pas d'estre
　　heureuse,
Sans doute d'autres vœux vostre esprit flatte-
　　roient,
Et dans vne autre main les sceptres vous plai-
　　roient

Quelque rigueur du fort, quelques perils ex
    tremes
Qui nous rendent pefant le faix des diademes,
Tout ce que vous ofez de haine tefmoigner
Va droit a ma perfonne, & non pas à regner :
Mais fi vous n'obferuez naiffance ny merite,
Prenez garde qu'enfin ce mepris ne m'irrite,
Ma colere pourroit efclatter à fon tour,
Et la force feroit ce que n'a pû l'amour.

PARTHENIE

La force le feroit, Dieux que viens-ie d'enten-
    dre ?
Sont-ce là des difcours dignes d'vn Alexandre,
De cent peuples diuers le pere & le vainqueur ?
Non, la bouche a trahi les monuemens du cœur,
Celuy qui de nos Dieux eft la parfaite image
Ne s'abaifferoit pas iufqu'a faire vn outrage,
Et qui des malheureux eft l'Azyle & le port,
Ne voudroit pas caufer mon naufrage & ma
    mort,
Le remede affuré de mes craintes fecrettes
C'eft de voir qui ie fuis, c'eft de voir qui vous
    eftes,
Ie connois quelles loix m'impofe mon deuoir,
Et fçay que vos vertus paffent voftre pouuoir

G

Plustost que de souffrir qu'vne action si noire
Imprimast quelque tache au lustre de leur gloire,
Si leurs sages conseils ne la détournoient pas
Elles appelleroient le secours de mon bras,
Qui plein d'vne fureur digne d'estre suiuie
Finiroit d'vn seul coup vos desseins & ma vie.

ALEXANDRE.

Vous pouuez empescher qu'vn Monarque irrité
Ne se porte iamais à cette extremité,
S'il a des qualitez dignes de vostre estime
Ne les méprisez plus, deschargez vous d'vn cri-
   me
Qui pourroit tost ou tard vostre gloire ternir
Et que les Dieux seroient obligez de punir,
Vous auez le secret de lire dans mon ame,
Vous sçauez que vos yeux ont allumé ma flame,
Ne me refusez pas quelque soulagement,
Que ie baise vne fois cette main seulement.
Appaisez....

PARTHENIE.

Ah ! c'est trop, qu'osez-vous entreprendre?
Vostre honneur & le mien vous le doiuent défen-
   dre ,
S'il faut de vostre flame esteindre les ardeurs

Employez-y grand'Prince ou mon sang ou mes
   pleurs.
Qu'est deuenu le soin de vostre renommée?
Ou sont ces actions de vertu consommée
Dont vous sçauez fonder le repos d'vn Estat?
Les voulez-vous souiller par ce lasche attentat?
Ah! montrez ce que peut vne valeur extreme,
Ayant vaincu par tout triomphez de vous-mes-
   me,
C'est peu que de sçauoir dompter les nations
Si l'on ne sçait aussi dompter ses passions.
Quels plus dignes lauriers...

ALEXANDRE.

                    C'est assez inhumaine
Par vn discours flatteur entretenir ma peine,
Oppose ouuertement ta haine à mon bon-heur
Sans couurir tes mépris d'vn pretexte d'honeur,
Ie sçay quel est l'autheur des chaisnes qui te liët,
Ie connois le dessein que tes larmes pastient,
Et le secret demon qui force ta beauté
A payer mon amour de tant de cruauté,
Oüy, sans m'expliquer mieux dessus ton impo-
   sture;
Ton adresse n'a pû me cacher ta blessure,
De ton cœur embrazé le feu brille au dehors.
                    G ij

Et ton ame est esclaue aussi-bien que ton corps:
Mais quelque doux espoir qui flatte Parthenie,
Ie ne laisseray point son offense impunie,
Ie veux que mon courroux d'heure en heure
  croissant
Pour perdre le coupable attaque l'innocent,
Puisqu'à mes justes vœux cet obstacle s'oppose
D'vn si fascheux effet ie destruiray la cause,
Ma haine & ma fureur regneront à leur tour,
Et l'autheur de mes nuits ne verra plus le iour;
Alors tu conceuras des desseins infertiles,
Ton ame sentira des remords inutiles,
Et rongée au dedans d'vn déplaisir secret
Quand ie mourray d'amour tu mourras de re-
  gret.

PARTHENIE.

Appaisez justes Dieux tant d'horribles tempe-
  stes,
Et destournez le coup qui menace nos testes,
Ou si vostre justice en ordonne autrement
Exposez au peril la mienne seulement,
Conseruez mon espoux, mais d'où vient qu'il ne-
  glige
De tenir la parolle où son amour l'oblige?
Quelles difficultez peuuent le retenir?
Ah! mon œil me deçoit, ou ie le voy venir.

SCENE III.

HYTASPE, PARTHENIE.

HYTASPE.

Vous m'auez preuenu, belle & sage Prin-
   cesse,
Mais vous ne deuez pas m'accuser de paresse,
I'ay bien eu de la peine à pouuoir euiter
D'estre veu d'Alexandre.

PARTHENIE.

                    Il vient de me quitter
Assez mal satisfait.

HYTASPE.

                    I'ay veu sur son visage
D'vne forte douleur le puissant tesmoignage,
La colere rendoit son aspect furieux ,
Et comme s'il eust eu des esclairs dans les yeux
Chasque trait qu'ils lançoient soit au Ciel, soit
   en terre,
Portoit de sa fureur l'effroyable tonnerre.

                              G iij

PARTHENIE.

Il est prest d'adjouster pour vn acte inhumain
Aux esclairs de ses yeux les foudres de sa main:
Mais helas s'il te reste vn desir de me plaire,
Dérobons-nous, Hytaspe, au feu de sa colere,
Prenenons le dessein qu'il a fait contre nous.

HYTASPE.

Alexandre est clement.

PARTHENIE.

Alexandre est jaloux:
Oüy, sçaches que l'amour dont son ame est at-
tainte,
Toute aueugle qu'ell'est a découuert ma feinte,
Et qu'il ne songe plus qu'à s'armer contre toy
Pour vanger le mépris que i'ay fait de sa foy.

HYTASPE.

Dans le coupable effet d'vne telle pensée
Sa generosité se trouueroit blessée,
Et sa gloire mourroit si son cœur abbatu
Laissoit regner sa flame où regne sa vertu.

PARTHENIE.

Ah! que dans vn malheur si plein de violence

PARTHENIE.

Tu flattes mon esprit d'une foible esperance,
Et que tu fondes mal ton repos & le mien,
Sur un desesperé la vertu ne peut rien,
Cette diuinité l'éblouït ou l'estonne,
Et son oreille est sourde aux coseils qu'elle donne.

HYTASPE.

Et bien, si son dessein ne se peut diuertir,
Quel remede employer pour nous en guarantir ?

PARTHENIE.

La suitte.

HYTASPE.

En quel climat ? nos terres desolées
A la fureur de Mars sont toutes immolées.

PARTHENIE.

Le reste des mortels n'est pas encor sousmis,
Cependant qu'Alexandre aura des ennemis
Ne desesperons pas de trouuer un Azyle
Où pour nostre salut ton bras puisse estre utile :
Fuyons, rien ne s'oppose au bien que ie pretends,
Et nous auons pour nous la Iustice & le Temps.
Qu'attendons-nous, Hytaspe ?

HYTASPE.

Aimable Parthenie
Vous joüissez d'vn bien que le Ciel me denie,
Vous pouuez, eschapper sans trahir vostre foy :
Mais cette liberté ne vient pas iusqu'a moy :
Si mes fers sont rompus ma parolle me lie,
Et vostre volonté ne peut estre accomplie
Si le Prince ne donne à mon esloignement
Ou sa permission ou son commandement.

PARTHENIE.

Pourquoy?

HYTASPE.

Ie l'ay iuré.

PARTHENIE.

Serment illegitime,
Tu l'as fait sans raison, tu le rõpras sans crime,
Tu doibs trop a l'Amour, & ce premier vain-
queur
Engagea ta parolle aussi-bien que ton cœur.

HYTASPE.

Il est vray que pour luy j'oserois toute chose,

Ie

Ie voudrois seulement que les loix qu'il m'im-
pose
Puissent me dispenser de celles de l'honneur,
Mais helas!

PARTHENIE.

Ne mets plus d'obstacle à mon bon-heur,
Et si tu ne me crois indigne d'estre aimée,
Méprise pour me plaire, vne vaine fumée:
Hytaspe, cet hōneur n'est rien qu'vn peu de vent,
Vn bien imaginaire, vn appas deceuant,
Qui par l'oppression d'vn vainqueur redoutable
Nous fera succomber sous vn mal veritable.

HYTASPE.

Quelque fascheux destin qui menace mes jours
Ie n'en puis arrester ny diuertir le cours,
I'aime mieux esprouuer la Fortune ennemie
Que de m'en guarantir par vn trait d'infamie:
En vn mot cet honneur m'est vn charme si fort,
Que l'auoir est ma vie, & le perdre est ma mort.

PARTHENIE.

Espoux dénaturé, puisque c'est te déplaire
Que de te proposer vn conseil salutaire,
Prepare de bonne heure, & ton cœur & tes yeux

H

Aux lasches attentats d'vn amant furieux,
Verras-tu sans mourir de regret & de honte
Qu' Alexandre preßé de l'ardeur qui le dompte,
Forçant ma resistance außi-bien que ma foy,
Triomphe de ta gloire en triomphant de moy?
Verras-tu sans horreur les apprests effroyables
Que ce tyran destine à ses desseins coupables ?
Il appelle vn complice, il est a mes costez,
Desia de mille nœuds mes bras sont arrestez,
Et dans moins d'vn moment   son impudique
   bouche
Va souiller ma pudeur & profaner ta couche.

HYTASPE.

Pour euiter ce mal justement soupçonné,
Pratiquez le conseil que vous m'auez donné,
Fuyez de ce climat, & des mains d'vn barbare
Arrachez le tresor d'vne beauté si rare :
Si le Prince offensé murmure contre vous,
C'est à moy d'essuyer les traits de son courroux,
Et si dans son esprit vostre fuitte est vn crime,
Il faut pour l'expier que ie sois sa victime.

PARTHENIE.

Que ie parte sans toy ne le presume point,
Dessus ma volonté tu peux tout hors ce point,

Serois-ie dans le port & toy dans le naufrage?
I'ay trop pour le souffrir d'amour & de courage,
Vn projet glorieux que mon ame conçoit
M'attache à ton destin quelque estrange qu'il
　soit :
Si le Prince entreprend de me faire vne injure,
Par nos sacrez autels, par toy-mesme ie jure
Que si ie puis cacher vn poignard dans mon sein,
Mon trespas preuiendra son coupable dessein.

HYTASPE.

Sans troubler vostre esprit d'vne image funeste,
Pour finir vos malheurs vn remede vous reste.

PARTHENIE.

Quel ?

HYTASPE.

　D'accorder aux vœux de ce nouuel amant
Le prix que sa valeur merite justement.
Ce qu'obtint mon amour donnez-le à sa fortune,
Nostre hymen n'est pour vous qu'vne chaisne
　importune
Que vous deuez briser pour vous mettre en repos.

PARTHENIE.

Ah cruel! qui t'inspire vn si fascheux propos ?
　　　　　　H ij

Croy-tu que Parthenie ait le cœur assez lasche
Pour faire a son honneur cette honteuse tasche?

HYTASPE.

Pourquoy-non? cet honneur n'est rien qu'vn peu
    de vent,
Vn bien imaginaire, vn appas deceuant.

PARTHENIE.

N'en dy pas dauantage, Hytaspe tu te vanges,
Tu sçais me surmonter par des moyens estrãges:
Enfin, à tes raisons ie n'oppose plus rien,
Sauuons également ton honneur & le mien,
Et ne souffrons iamais qu'a une flestrissure
Ternisse la beauté d'vne chose si pure:
Mais qui vient?

HYTASPE.

C'est Lycandre.

SCENE IV.

LYCANDRE & quelques Gardes,
PARTHENIE, HYTASPE.

LYCANDRE.

AVancez quelques pas.

PARTHENIE.

Ie tremble.

LYCANDRE.

Soyez prests, mais ne le touchez pas.
Ne me condamnez point, Hytaspe, si ie trouble
Vn si doux entretien.

PARTHENIE.

Dieux! ma crainte redouble.

LYCANDRE.

Le Roy m'a commandé de me saisir de vous.

PARTHENIE.

Ah dangereux effet d'un injuste courroux!

H iij

HYTASPE.

De moy, qu'ay-ie commis, qu'eſt-ce donc qu'il
m'impute?

LYCANDRE.

C'eſt vn ordre preſcrit qu'il faut que j'execute,
Si vous y reſiſtez, ce ne ſera qu'en vain,
I'ay la force pour moy.

HYTASPE

Ce n'eſt pas mon deſſein,
Pourueu que mon treſpas borne ſon injuſtice,
Allons où vous voudrez, en priſon, au ſupplice.

PARTHENIE.

M'abandonner ſi toſt, quel ſurcroiſt de malheur,
Hytaſpe?

HYTASPE.

Pardonnez à ma juſte douleur,
Ce coup inopiné trouble ma fantaiſie,
Et fait l'aueuglement dont mon ame eſt ſaiſie:
Mais n'en augmentez pas l'exceßiue rigueur,
Et ſi quelque pitié regne dans voſtre cœur,
Ne laiſſez pas noyer au torrent de vos larmes

Ce que vous possedez & d'appas & de charmes.
Pourquoy tant de regrets puisqu'ils sont super-
    flus ?
De grace...

PARTHENIE.

    C'en est fait, ie ne te verray plus.
Cessons de nous flatter, ta perte est asseurée,
Vn Prince, ah ! qu'ay-ie dit ? vn tyran l'a jurée,
Vn tyran qui bien-tost pour me combler de deuil
Fera de ta prison ton funeste cercueil :
Mais si mes pleurs versez auec tant de justice
Peuuent de sa fureur corrompre le complice,
Receuez le present que vous offrent mes yeux
Lycandre, & destournez ce coup pernicieux,
Ou si de vous flechir ils n'ont pas la puissance,
Si vostre main fatale en veut a l'innocence,
Prenez, prenez ces bras,   & les chargeant de
    fers,
Traisnez-moy s'il le faut jusques dans les En-
    fers,
Ie mourray de regret pourueu qu'Hylaspe viue.

LYCANDRE.

Ne pouuant soulager vostre peine excessiue,
Ie la plains, Parthenie, & voudrois que le Roy

Euſt donné cette charge à tout autre qu'à moy,
Mais il faut obeïr, & le temps qu'on differe
Bien loin de l'appaiſer peut aigrir ſa colere:
C'eſt vn mal infaillible où vous deuez pour-
    uoir,
Et ne m'accuſer pas ſi ie ſay mon deuoir.

HYTASPE.

Et bien il faut partir.

PARTHENIE.

Ah cruelle ſentence!

HYTASPE.

Adieu ma chere vie, arme toy de conſtance,
Et montre ie te prie en cette extremité
Vn courage plus grand que ton aduerſité:
Chaſſe de ton eſprit ces matieres funebres,
Meſle vn peu de clarté parmi tant de tenebres,
Conſole-toy, mon ame, & pour nous voir con-
    tents,
Eſpere quelque choſe ou du Ciel ou du temps.

PARTHENIE.

Ta raiſon me propoſe vn conſeil impoſſible,
Ce dernier accident me trouue trop ſenſible,

La

La mort eſt le ſeul bien que ie puis deſirer,
Et mon ſalut conſiſte à n'en point eſperer.
Deſia parmi les morts ton ombre me conuie
De teſmoigner pour elle vn mépris de la vie,
Et mon cœur que le iour commence de laſſer,
Eſt tout preſt de la ſuiure ou de la deuancer.

HYTASPE.

Ah! ma chere moitié, quitte cette penſée,
Tout mon corps en fremit, mon ame en eſt bleſ-
    ſée,
Tu redoubles ma peine au lieu de la guerir,
Et ta ſeule douleur me peut faire mourir.

PARTHENIE.

Ie n'en parleray plus, adieu, ie te conjure
Si j'ay pû te faſcher d'oublier mon injure,
Et ſi j'ay trop ici montré d'affliction,
Excuſe ma foibleſſe ou mon affection.
Va-t'en, ie n'en puis plus, ma conſtance abba-
    tuë
Cede au cruel effort du regret qui me tuë.

HYTASPE.

Adieu mon ame.

I

PARTHENIE.

Adieu pour la derniere fois,
Ie perds en te perdant & la force & la voix.

HYTASPE.

Trop fidelle compagne à mes defirs rauie !
Comme tu perds la voix, que ne perds-ie la vie?

ACTE IV.

SCENE PREMIERE.

EPHESTION.

'eſt trop, n'y penſons plus, le ſort en eſt
    jetté,
  Alexandre ſe plaiſt dans ſa captinité,
Et du mal qu'il reſſent, la rigueur violente
Rend comme mes conſeil ſa raiſon impuiſſante;
Son amour ſeulement occupe ſes eſprits,
Et comme ſi la gloire attiroit ſon mépris
Tant de fameux deſſeins formez contre l'Aſie
Cedent à la fureur dont ſon ame eſt ſaiſie!
Peſtes des nations, meres des laſchetez,
Vous perdez ce Monarque infames voluptez,
Et pour vn vain plaiſir où ſa flame ſe fonde,
Vous allez luy rauir la conqueſte du monde.
Dieux dont la ſage main regle cet Vniuers,
Arrachez le bandeau dont ſes yeux ſont cou-
  uerts,

Et puisque sa valeur, son merite & sa race
Luy promettent au Ciel vne superbe place,
Grands Dieux ne souffrez pas qu'il perde à l'a-
*   uenir*
Le rang que parmi vous sa vertu doit tenir;
Il en est menacé, desia sa violence
Attaque vn innocent, mais Lycandre s'auance.

SCENE II.

EPHESTION, LYCANDRE.

EPHESTION.

ET *bien que fait Hytaspe?*

LYCANDRE.

Il souspire, il se plaint.

EPHESTION.

La plainte est legitime à qui souffre & qui
craint.

LYCANDRE.

On voit ses déplaisirs tracez sur son visage

Par les pleurs que l'Amour desrobe à son coura-
ge,
Et ie tiens qu'à l'oüir, il n'est cœur de rocher
Qui de quelque pitié ne se laissast toucher.

EPHESTION.

Ie croy que la rigueur des peines qu'il endure
Verseroit la pitié dans l'ame la plus dure :
Ie suis jusqu'au mourir touché de son ennuy,
Mais ie plains Alexandre encore plus que luy,
Hytasse, quoy que fasse ou la haine ou l'enuie,
Ne peut perdre l'honneur quand il perdroit la
vie ;
Au contraire le Roy de ce crime noirci
Peut en perdant le iour perdre l'honneur aussi.

LYCANDRE.

Vous y rapporterez le secours necessaire.

HYTASPE.

Oüy, si le Roy veut suiure vn conseil salutaire.

LYCANDRE.

Si vous l'entreprenez, vous en viendrez à bout,
En vn mot, c'est de vous qu'Hytaspe espere tout,
Il m'a dit, le quittant, trop fidelle Lycandre

Si i'ose en cet estat quelque grace pretendre,
Faites que d'vn ami le pouuoir inuoqué
Combatte le malheur dont ie suis attaqué:
Ie sçay qu'Ephestion à mes peines sensible
Pour me voir soulagé tentera l'impossible,
Empruntez seulement la voix de mes douleurs,
Et portez jusqu'à luy mes souspirs & mes
　　pleurs:
S'il voyoit toutefois ma perte resoluë
Par le decret fatal d'vne bouche absolue
Qu'à ce fascheux torrent il me laisse emporter
De crainte de se perdre en voulant m'assister,
Sa fortune est trop belle & trop considerable
Pour vouloir l'attacher à mon sort miserable:
Bien loin de lui prescrire vne si dure loy,
Qu'il sauue Parthenie il fera trop pour moy:
A ce mot ses sanglots ont couppé sa parolle.

EPHESTION.

L'espoir qu'il a conceu ne sera point friuole,
Ie n'auray plus du Roy l'oreille ny le cœur,
Ou la peine d'Hytaspe aura moins de rigueur.
Precieux interest d'honneur & de justice!
Si ie combats pour vous aidez-moy dans la lice,
Et faites qu'Alexandre oppose vainement
Aux raisons d'vn ami les fureurs d'vn Amant:

Mais ie le voy paroiſtre, ah que ſa contenance
Donne de ſon tranſport vne forte apparance!
La colere animant & ſon geſte & ſes yeux
Il bat du pied la terre, il menace les Cieux.
Laiſſez-nous ſeuls, Lycandre, il eſt temps que
    j'eſſaye
De mettre vn appareil ſur ſa cuiſante playe,
Et que pour m'acquitter d'vn fidelle denoir
I'employe à la guerir ce que j'ay de pouuoir.

SCENE III.

ALEXANDRE, EPHESTION.

ALEXANDRE.

*Q*Velle flame jamais eut plus de violence?
   Amour peux-tu regner auec tant d'inſo-
lence?
Et faut-il que ſurpris de ton aueuglement
Comme ſans liberté ie ſois ſans jugement?
Ah! ſortons de priſon, rompons nos dures chaiſ-
nes,
Ne parlons plus d'amour, de ſouſpirs ny de geſ-
nes,

Il est temps qu' Alexandre appris à triompher,
N'embrasse ce tyran qu'afin de l'estouffer :
Aussi-bien quel remede au mal que ie supporte?
Que peuuent les desirs quand l'esperance est
    morte?
Si l'ingratte me hait, il faut faire vn effort,
Loin de parler d'amour ne parlons que de mort,
Et par vn changement aussi juste qu'estrange
Faisons qu'vn desespoir la punisse & me vange:
Mais inutilement j'auance ces propos,
Cette Reine des cœurs fatale à mon repos,
Se presente à mes yeux si parfaite & si belle,
Que ie suis criminel si ie ne meurs pour elle!
Il en faut triompher : forçons, mais prôptement,
Quelque obstacle qui nuise à mon contentement.
A tous ces vains respects ie veux estre insensible,
Et ie dois tout oser puisque tout m'est possible.

EPHESTION.

Ie n'ay pour estre veu qu'à faire vn peu de bruit.

ALEXANDRE.

Ah! cher Ephestion, où me vois-tu reduit?
D'vn desir forcené, victime déplorable
Ie souspire, ie meurs, tout me nuit, tout m'acca-
    ble,

                             Outre

Outre mille accidens qui troublent mon deſſein
La jalouſe fureur qui deuore mon ſein
D'amour et de dépit doublement agitée,
Fait du cœur d'Alexandre vn cœur de Prome-
thée.

EPHESTION.

Vous aimez à nourrir ce vautour deuorant,
Et bien loin d'euiter vn peril apparant,
Oublieux des deſſeins ou l'honneur vous engage,
Vous adorez l'eſcueil où vous faites naufrage.
    Sans ce charme cruel qui vous ſemble ſi doux,
Vous ſeriez ſeulement de la gloire jaloux,
Vous languiriez pour elle, et vos vertus inſignes
Seruient de voſtre amour les objets les plus di-
    gnes :
Mais pour noſtre malheur les Deſtins ont per-
    mis
Qu'vn trait d'œil plus puiſſant qu'vn monde
    d'ennemis,
Faſſe par vn ſucces qu'ils ne pouuoient pretédre
Qu'Alexandre aujourd'huy ceſſe d'eſtre Ale-
    xandre.

ALEXANDRE.

Il eſt vray, les regards dont ie ſuis enchanté

K

M'ont ofté la raifon comme la liberté,
Et leur pouvoir injufte autant qu'il eft extreme,
Fait qu'en cet accident ie ne fuis plus moy-mef-
me :
Toutefois, cher Amy, ne m'abandonne pas,
Prefte-moy ton fecours, fauue-moy du treffas.
Mais trefue de confeils, car le mal qui me tou-
che
A befoin de ta main, & non pas de ta bouche.

EPHESTION.

De ma main ! que peut-elle afin de vous guerir?

ALEXANDRE.

Ie t'en laiffe le luge, Hytaffe doit perir,
Sa vie eft vn obftacle au bien que ie defire,
Et fans doute l'objet pour lequel ie fouspire,
Me laiffera cueillir le fruit de mon amour
Deflors que ce riual aura perdu le jour.

EPHESTION.

Vous ne fçauez donc pas jufqu'où vinent les fla-
mes
Qu'vne amour legitime allume dans les ames ?
Elles naiffent d'vn feu fi durable & fi beau
Qu'il garde fa chaleur mefme dans le tombeau.

Sire, pardonnez-moy si ie tiens ce langage,
Vous esperez en vain que sa mort vous soulage,
Parthenie a cœur... si a Hydaspe suiuant
L'amour n'est ni plus l'oyant aimé viuant :
Mais si m'en informer ne me rend trop coupable,
De quel crime si noir le jugez-vous capable?
Qu'a-t'il fait qui merite vn pareil traitement ?

ALEXANDRE.

Vn ennemy ne peut mourir que justement.

EPHESTION.

S'il le fut autrefois, il a perdu ce tiltre,
Vous en auez esté le tesmoin & l'arbitre,
Quand vous l'auez fait libre, il s'est fait vostre
amy.

ALEXANDRE.

Cet ingrat qui ne tient son serment qu'à demy,
Deuoit en ma faueur fléchir cette insensible.

EPHESTION.

Helas! dites plustost qu'il deuoit l'impossible,
Il faudroit qu'vn mortel entreprist desormais
Ce que mesme les Dieux n'entreprendront ia-
mais :

                                        K. ij

Forcer la volonté, c'est ce que n'a pû faire
Des plus fameux Tyrans l'amour ny la colere.

ALEXANDRE.

Ta responſe me porte au comble de mes vœux,
Ceſſe donc de t'armer contre ce que ie veux,
Rien ne ſçauroit me vaincre, il faut qu'Hytaſpe
  meure,
Si tu veux m'obliger défay m'en de bonne heure.

EPHESTION.

Moy, Sire, ah quel Arreſt, & quel commande-
  ment,
Que ie ſois de ſa mort le fatal inſtrument,
Que ma main criminelle en faiſant cet outrage
Bleſſe vn corps innocent, deſtruiſe mon ouurage,
Et qu'à vos paſſions trop fidelle éprouué
Ie perde vn malheureux apres l'auoir ſauué!

ALEXANDRE.

C'eſt aſſez conteſté, i'ay tort, ie le confeſſe,
De chercher vn effort où regne la foibleſſe,
Hytaſpe eſt plus que moy digne de ton ſecours:
Mais conſidere bien le danger que tu cours,
Il mourra, ie le iure, & ſa triſte infortune
A qui ne m'obeït ſe peut rendre commune:

Pour en venir à bout Cratere m'aidera,
Et ce que tu ne peux ton riual le fera.

EPHESTION.

Que voſtre Majeſté contre moy ne s'irrite,
Cratere a plus que moy de faueur, de merite :
Mai. touche le reſpect que l'on doit vous por-
    ter,
Nul homme contre moy ne le peut diſputer,
Que ce ſoin deſormais voſtre eſprit n'importune.
Ie luy veux immoler deux victimes pour vne.   à part.
Ie vay, puiſqu'il vous plaiſt,   voir Hytaſpe en
    priſon,
Et luy donner le choix du fer ou du poiſon.

ALEXANDRE.

Va, ne differe point, rends-moy ce bon office,
Et des qu'il ſera mort, fay qu'on m'en aduer-   Il s'en
    tiſſe.   va

K iij

SCENE IV.

ALEXANDRE, PARTHENIE,
CARINTE.

ALEXANDRE.

MAis voicy Parthenie, il faut la preparer
A supporter le coup qui les doit separer.

PARTHENIE.

Ie ne viens pas icy, redoutable Monarque,
Pour fléchir vos rigueurs ny celles de la Parque,
Mais bien pour demander ce qu'Hytaspe a com-
mis
Pour avoir Alexandre & les Dieux ennemis :
S'il a mis quelque obstacle au progres de vos ar-
mes,
Vous avez accordé son pardon à mes larmes,
Et joignant les bien-faits à la compassion,
Vous aviez couronné cette belle action.
Pourquoy changer si tost, quelle offense nouvelle
Le rendant criminel vous doit rendre infidelle?
Si l'on peut violer la parole des Roix,
Il ne faut plus de Dieux, il ne faut plus de Loix.

ALEXANDRE.

Parthenie, en blasphème accompagne ta plainte,
Sçaches que ma parolle est si ferme & si sainte,
Que ie mourrois plustost que de mesler iamais
La moindre perfidie a ce que ie promets :
Ta feinte m'offusquant d'vne fausse lumiere,
Et des Dieux & des Loix se mocqua la premiere,
Moy ie n'ay pu faillir, car ma foy seulement
A regardé ton frere & non pas ton amant :
Mais iusqu'ou ton amour enfin s'est emportée?
D'vn Prince malheureux ell'a fait vn Prothée,
Tu ne peux le nier puisque ce fauori
Se trouue en mesme iour frere, amant & mari.

PARTHENIE.

Il est temps d'esclaircir le doute qui vous reste,
Il est temps qu'vn discours veritable & funeste
Vous fasse confesser que vostre iugement
Auec trop de rigueur blasme ce changement.
Ie tairay les sujets d'ou nasquit cette flame
Qu'Hytaspe ressentit & qui brusla mon ame,
Ie diray seulement que nos peres amis
Nous virent sans regret l'vn a l'autre soufmis :
Comme ils auoient dessein d'vnir en nos person-
nes

Deux peuples diuisez sous deux grandes Co-
ronnes,
Quelques Ambaffadeurs deputez entre nous
Firent dans peu de temps d'vn Amant vn Ef-
poux.
Ah cruel fouuenir! ô douleur qui me tuë!
Nous attendions le iour pris pour noftre entre-
ueuë
Quand vos fiers efcadrons qui femblerët voler,
Vindrent à l'impourueu nos Eftats defoler,
Nos peres attaquez fe mirent en defenfe,
Mais leur mort confomma toute noftre efperan-
ce,
Et ce que puft Hytafpe en ce malheur preffant,
Ce fut de rechercher quelque Azyle puiffant:
Tout boüillant de l'ardeur de vanger fa patrie,
Il me fit aduertir qu'il alloit chez Darie,
Ie l'y fuiuis de pres, mais ce Roy genereux
N'a pas eu contre vous vn fucces plus heureux,
Ie ne parleray point de fa mort auancée,
Ce fafcheux fouuenir bleffe voftre penfée.
Il fuffit que le fort contraire a nos deffeins
A fait tomber Hytafpe & fa femme en vos
mains,
De peur que comme Efpoux il n'excitaft l'enuie
I'ay feint d'eftre fa fœur pour conferuer fa vie.
                                        Voylà

Voylà dans peu de mots comment ce fauori
Se trouue en mesme iour frere, amant & mari.

ALEXANDRE

Ce seroit offenser les loix de la Nature
De ne déplorer point vne telle auanture.
Le glorieux effort qu'a fait vostre amitié
Est digne également d'excuse & de pitié :
Mais si dans le combat quelque main valeu-
reuse
Eust couppé de ses iours la trame malheureuse,
Veufue aussi-tost que femme eussiez-vous re-
jetté
Les vœux que mon amour offre à vostre beauté.

PARTHENIE.

Si l'Astre qui preside au sort de Parthenie
L'eust d'vn malheur pareil affligée ou punie,
Son juste desespoir eust bien-tost effacé
Les traits dont vostre cœur a feint d'estre blessé.

ALEXANDRE.

Ie l'ay feint, ô rigueur du tout insupportable !
La peine que ie sens n'est que trop veritable.
Esprit malicieux, c'est toy-mesme qui feins
De ne connoistre pas le mal dont ie me plains :

L.

ALEXANDRE.

Il s'est frappé lui-mesme?

LYCANDRE.

Auec tant de courage
Que nul homme iamais n'en montra dauãtage.
Si ie mesle, a-t'il dit, au moment que ie meurs
A des ruisseaux de sang quelques gouttes de
pleurs,
Les Dieux me sont tesmoins que ma peine in-
finie
Ne vient que du regret de quitter Parthenie:
Pour elle seulement ie me plains de mon sort,
Dieux soyez lui plus doux, à ce mot il est mort.

ALEXANDRE.

N'en fay point de semblant, il faut que ie mes-
nage
Aupres de Parthenie vn si grand auantage.

PARTHENIE s'approchant d'Alexandre.

SIRE, si vostre cœur est vn cœur de rocher,
Si les vœux que ie fay ne vous peuuent toucher,
Si pour mettre vn obstacle à nos desirs fidelles
Hytaspe doit porter des chaisnes eternelles,

Au moins pour satisfaire aux loix de mon de-
uoir,
Que ie puisse vne fois lui parler ou le voir.

ALEXANDRE.

Vous formez, Parthenie, vn desir impossible.

PARTHENIE.

Pourquoy ?

ALEXANDRE.

Ce cher Amant trop foible ou trop sensible...
Le diray-ie ?

PARTHENIE.

Acheuez.

ALEXANDRE.

Lassé de ses mal-heurs
A cherché dans la mort la fin de ses douleurs,
Et sa perte sans doute vn peu precipitée
Vous rend la liberté qu'il vous auoit ostée.

PARTHENIE.

Mon Hytaspe n'est plus? ô Dieux qu'ay-ie en-
tendu !

Injuste traitement justement attendu!
O supplice, ô martyre, ô tyrannie extreme!
Mon Hytaspe n'est plus.

ALEXANDRE.

N'en blasmez que lui-mesme,
Sa main a fait le coup.

PARTHENIE.

Ah! ie ne le croy pas
On doit à ta vengeance imputer son trépas,
Il n'eust osé sans moy disposer de son ame
Il est mort par le fer, le poison ou la flame,
Et pour le voir gemir sous des tourmens nou-
    ueaux,
Ta coupable fureur a trouué des bourreaux:
Mais quoy qu'il ait senti les effets de ta rage,
Ta colere n'a pas acheué son ouurage,
Il faut m'oster le iour, il faut m'ouurir le flanc,
Et noyer tes desirs dans les flots de mon sang.
Quel respect te retient, quelle crainte t'arreste?
A cet acte sanglant ta main doit estre preste.
Cruel si iusqu'ici tes amoureux efforts
N'ont pû blesser mon ame, au moins blesse mon
    corps.
Pourquoi recules-tu? le remords qui t'opprime

Cherche en vain des raisons pour déguiser ton
    crime.
Tu ne peux euiter vn reproche eternel
Puisqu'vn Prince innocent est mort en criminel.
Poursuy ton attentat, & franchis toute honte,
Porte jusques au bout la fureur qui te domte,
Et tasche en me perdant de perdre à l'auenir.
De ce double forfait le fascheux souuenir.
Ou si ton bras puissant en victoires fertile
Dédaigne de s'armer contre vn sexe imbecille,
Remets-moy ce dessein, laisse-le moy tenter,
I'ay du cœur pour le faire & pour l'executer :
Mais souffre auparauant qu'vn des tiens me
    presente
De mon Hytaspe mort la dépoüille sanglante,
Que ie puisse attacher sur ce corps glorieux
Et ma bouche à sa bouche, & mes yeux à ses
    yeux :
Que luy cõmuniquant quelques restes de flame,
Ie souffle dans son corps la moitié de mon ame,
Afin qu'il puisse au moins soulager mon desir,
Et pour dernier Adieu me donner vn souspir.

ALEXANDRE.

Pourquoy vous presenter cet objet déplorable ?
Ce seroit a dessein vous rendre miserable,

Perdez-en le defir auſſi-bien que l'eſpoir.

PARTHENIE.

Quoy ? ie n'auray donc plus le plaiſir de le voir.
Ah ! ie l'auois bien dit, cruelle prophetie
Trop tard apprehendée & trop toſt réuſſie,
Ie ne le verray plus, ah dangereux Amant !
Tu crains de me montrer ce corps paſle & fumãt,
De crainte qu'à mes yeux ſa bleſſure n'exprime
Par des traits tous de ſang la grandeur de ton
　　crime :
Mais Hytaſpe au defaut de mes regards bruſlás
Reçoy de mes tranſports les effets violens.
Beau corps dont Parthenie auoit fait ſon idole,
Reçoy, reçoy les pleurs que ſon amour t'immole
Sur vn ſein, qui bleſſé de mille coups mortels,
Se change pour ta gloire en deux rouges autels.
Ah ! ne va point ſans moy dans les plaines d'E-
　　lize,
Chere image des Dieux que les Dieux ont re-
　　priſe,
Attends-moy, s'il te plaiſt, belle ame & ſi tu
　　veux
Des nœuds pour t'arreſter, fais-en de mes che-
　　ueux,
Tu ne languiras point ſur le riuage ſombre,

Tu

Tu me verras bien-toſt ſeruir d'ombre à ton om-
    bre,
Ie n'iray pas bien loin pour trouuer le trépas,
I'ay dequoy.

ALEXANDRE.

Parthenie !

PARTHENIE.

Ah ! ne me touche pas,
Tes mains comme ton cœur de pitié dépoüillées,
Semblent du ſang d'Hytaſpe encor toutes ſoüil-
    lées.
Mais c'eſt trop diſcourir, le iour me fait horreur,
Suiuons les mouuemens de ma iuſte fureur,
Mourons.

CARINTE.

Que faites-vous ?

ALEXANDRE.

Vn poignard ?

PARTHENIE.

Ah cruelle
M'empeſches-tu de ſuiure vn amant ſi fidelle ?
M

ALEXANDRE.

Arrachez-luy ce fer.

PARTHENIE.

Pourquoy lasche inhumain?
Il faut que ie le plonge en ton coupable sein,
C'est pour vn si beau coup que ma main s'est ar-
mée,
Et l'horrible transport dont ie suis animée
Ne tend qu'à me vanger d'vn tyran forcené,
D'vn brutal, d'vn parjure indigne d'estre né.
Perfide penses-tu que le Ciel ne punisse
Au defaut de mon bras ton extreme iniustice?
Barbare, scelerat, esprit trop abbatu,
Infidelle à ta gloire, & traistre à ta vertu,
Ne croy pas eschapper à ma iuste vengeance,
Ie prendray mieux mon temps.

ALEXANDRE.

O Dieu quelle insolence
Me menacer de mort! ostez-la de mes yeux,
C'est prudence de craindre vn esprit furieux,
Il est temps de punir cette ame parricide,
C'est trop cherché l'amour où la haine reside,
C'est trop long-temps gemy, c'est trop sollicité

Vn cœur inexorable, vne ingratte beauté,
La Iuftice à l'Amour viẽt d'arracher les armes,
Ie demande fon fang pour le prix de mes larmes,
Son deffein eft connu, fon crime eft aueré,
Sus que fon chaftiment ne foit plus differé,
Et que pour la punir & pour me fatisfaire
On luy faffe fouffrir vn fupplice exemplaire.
Haftez-vous, qu'elle meure.

PARTHENIE.

Heureufe inuention,
Lycandre obeïffez, faoulez fa paffion,
Ce tragique fpectacle où le Roy m'abandonne
Prepare à ma conftance vne belle couronne,
Hytafpe me la montre, allons gagner ce prix,
Et fuiure ce beau guide au chemin qu'il a pris.

ACTE V.

SCENE PREMIERE.

HARPALE, NEARQVE.

HARPALE.

OV courez-vous si viste, arrestez, ie vous
prie.

NEARQVE.

Ie ne sçaurois.

HARPALE.

Pourquoy ?

NEARQVE.

Ie crains trop sa furie,
Il menace, il enrage, il n'escoute plus rien.

HARPALE.

Quoy pour nostre salut abandonner le sien ?

C'est vne lascheté tout à fait manifeste.

NEARQVE.

Si nous pouuions l'aider en cet estat funeste,
Nostre fuite seroit vn crime nompareil,
Mais il ne peut ouyr ny raison ny conseil,
Et si les Dieux ne font vn miracle sensible,
Ie tiens sa guerison vn ouurage impossible.

HARPALE.

Contre les déplaisirs qu' Alexandre ressent,
Cratere peut beaucoup, & s'il n'estoit absent
Cet orage formé se calmeroit sans doute,
Chacun sçait que le Roy l'honore & le redoute.

NEARQVE.

Cherchons d'autres secours à son affliction,
S'il honore Cratere il aime Epheftion,
Voyons-le de bonne heure, afin qu'il remedie
Aux dangereux effets de cette maladie,
Et faisons qu'il oppose à ce fascheux transport
Ce qu'il a de credit, haftons-nous, le Roy sort,

SCENE II.

A'LEXANDRE.

VOuloir me secourir, c'est me faire vne in-
jure,
Qui pensera me suiure, il mourra ie le jure.
Amis esloignez-vous, & ne contestez plus :
Mais ils m'ont obey, les voylà disparus,
Et ie puis de mes maux plaindre la violence
Sans auoir de tesmoins que l'ombre & le silence.
Qu'as-tu fait Alexandre ? où t'a precipité
L'aueugle mouuement de ta brutalité ?
A quel poinct de fureur s'est enfin relaschée
Ton ame aux voluptez trop long-têps attachée ?
Lasche & digne cent fois d'vn eternel affront
Porte au lieu de lauriers la honte sur le front,
Puisque de tes hauts faits estouffant la memoire
Tu perds en vn moment mille siecles de gloire,
Honneur dans les perils tant de fois esprouué,
Tresor si bien acquis & si mal conserué,
Pour rendre de mon sort la rigueur assouuie,
Comme ie t'ay perdu ie veux perdre la vie.
Syriens abbatus, Thebains deux fois conquis,

Arabes subjuguez, & vous que ie vainquis
Lors que l'on vid rougir du sang Aziatique
Les riues de l'Euphrate & celles du Granique ;
Forcez l'obscurité d'vne eternelle nuict,
Voyez à quel malheur Alexandre est reduit,
Puisqu'il faut qu'aujourd'huy par vn retour
    estrange
La main qui vous défit soit celle qui vous vãge.
Toy pour qui j'ay changé par vn crime nouueau
Le tiltre de vainqueur en celuy de bourreau,
Prince de qui la vie en disgraces feconde
Fut vn viuant tableau des miferes du monde.
Hytaspe où que tu sois pardonne mon forfait,
Et pour excufer mieux le mal que ie t'ay fait,
Iette vn de tes regards fur celuy que j'endure,
Ie vay te prefenter bleffure pour bleffure,
Te rendre fang pour fang, & trépas pour trépas:
D'vn spectacle fi beau ne te deftourne pas,
Belle ombre viens à moy, mais quitte ie te prie
Ta jufte inimitié, laiffe à quelque furie
Ces horribles ferpens & ces rouges flambeaux,
N'inuëte point pour moy de fupplices nouueaux,
Ie veux fuiure à ce coup ta main & ton courage,
Voir l'horreur de la mort fans changer de vifage,
Souffre que ie t'imite en ce dernier moment,
Et laiffe-moy le bien de mourir doucement,

Glorieux instrument de ma perte prochaine,
Recours des malheureux, seul remede à ma pei-
　ne,
Dans le juste transport dont ie me voy saisi
Que ie suis redeuable au bras qui t'a choisi,
Fauorable poignard seconde son enuie,
Acheue son dessein en acheuant ma vie,
Et confonds dans mon cœur sous tes coups ab-
　batu
Les traits de ma justice & ceux de sa vertu :
Mais differons vn peu, mon trépas legitime
Doit auoir des tesmoins aussi-bien que mon cri-
　me,
Il faut que Parthenie ait au moins ce plaisir
De pouuoir par ma mort contenter son desir.
L'Arrest que j'ay donné n'est pas inuiolable,
Moins il eust d'equité plus il est reuocable.
A moy Gardes amis, ils craignent mon cour-
　roux,
Soldats ? ie voy quelqu'vn.

SCENE

SCENE III.

LYCANDRE, ALEXANDRE.

LYCANDRE.

SIRE, que voulez-vous?

ALEXANDRE.

Allez, mais promptement, deliurer Parthenie,
C'est ma coupable ardeur qui doit estre punie.
Marchez, courez, volez, ostez-moy de soucy.

LYCANDRE.

Sire, en moins d'vn moment vous nous verrez
icy.

ALEXANDRE.

Mais helas ! si le coup a preuenu la grace,
Si de son sang versé la genereuse trace
Tesmoigne aux yeux de tous mon crime & son
mal-heur,
Qui pourra soulager l'exces de ma douleur ?
Quelle assez rude mort, quel assez grand sup-
plice

N

Pourra de ma rigueur expier l'injuſtice?
Dieux puiſſans accordez ſon ſalut à mes vœux,
Et faiſant vn eſchange auſſi juſte qu'heureux,
Puiſque cette beauté naſquit pour vn Empire,
Qu'elle regne pour moy, que pour elle j'expire.
Ah! deſir inutile & conceu vainement,
Sans doute elle n'eſt plus, & ce riche ornement
Pour qui l'Art paroiſſoit jaloux de la Nature
Sera bien-toſt des vers la triſte nourriture.
Pour n'eſtre pas teſmoin de cet acte odieux,
Cet aimable flambeau qui brilloit dans les Cieux,
De regret ou d'horreur s'eſt retiré ſous l'onde.
Ainſi ma cruauté fatale à tout le monde
A pû dans vn moment eſteindre deux Soleils
De pureté, de grace, & de luſtre pareils.
Douteux euenement, cruelle impatience,
Qui meſles tant de crainte à ſi peu d'eſperance,
Lycandre pareſſeux, qui te peut retenir?
Si tu veux m'obliger, haſte-toy de venir.
Mais quel nouueau prodige à mes yeux ſe pre-
    ſente?
O Dieux! ie vous benis, Parthenie eſt viuante.

SCENE IV.

PARTHENIE, ALEXANDRE, LYCANDRE, & quelques Gardes.

PARTHENIE.

ET bien, cruel Tyran, me voicy, que veux-tu?
N'est-ce assez esprouué ma haine ou ma
vertu?
Exprime tes desirs, ame lasche & barbare.
A quel nouueau cõbat faut-il qu'on se prepare?
Sans toy desia mon ame auroit quitté ce corps,
Sans toy ie reuerrois Hytaspe chez les morts,
Et desia nostre amour sans ta flame importune
Ioindroit comme nos cœurs nos deux ombres en
vne.
Pourquoy me retenir? peut-estre ton courroux
Auoit creu m'imposer vn supplice trop doux.
Helas! s'il est ainsi, romps, embrase, déchire,
Inuente s'il se peut vn tourment qui soit pire,
Rappelle tes bourreaux, mais croy que le trespas,
Quelque horrible qu'il soit, a pour moy des ap-
pas.

N ij

Tu caches ton visage, insigne barbarie,
Au moins ouure les yeux sur celle qui te prie,
Ne me fay plus languir, acheue ta rigueur.

ALEXANDRE.

C'est peu d'ouurir les yeux, il faut t'ouurir mon
cœur,
Et punir sous l'effort d'vne attainte mortelle
Par vn iuste trespas vne amour criminelle,
Tu verras là dedans le plus vif repentir
Qu'vn cœur vrayment touché pûst jamais ressen-
tir.
L'horreur de mon forfait a mon ame estonnée,
Et détrompant enfin ma raison subornée,
Ell' a pû me confondre, & me faire changer
Le desir de te perdre au soin de te vanger.
Ne crains plus de mourir, chasse de ta pensée
Ce supplice infamant dont ie t'ay menacée,
Ton merite infiny doit aspirer plus haut,
Et posseder vn Trosne au lieu d'vn eschaffaut:
C'est moy qui dois perir, courage Parthenie,
C'est laisser trop lõg-temps mon offense impunie,
Ta vengeance estoit iuste, acheue ton dessein,
Voylà le mesme fer, voicy le mesme sein,
Haste-toy d'y plonger cette pointe acerée,
Fay ce coup important d'vne main assurée,

Donne, donne la mort à cet audacieux,
Et montre que ton bras peut autât que tes yeux,
Tu dois ce sacrifice à ta pudique flame,
Vange-toy sur mon corps, mais pardonne à mon
    ame,
Afin que ton espoux, loin de la tourmenter,
Veuille dans les Enfers ton exemple imiter:
Ie t'en prie à genoux par mes vœux, par mes
    larmes,
Par tes rares vertus, par l'esclat de tes charmes,
Puny les mouuemens d'vn esprit déprané,
Et fay que dans mon sang mon crime soit laué.

PARTHENIE.

Que vois-ie, est-ce Alexandre? ô Dieux! est-il
    possible?
Celuy que la pitié trouuoit inacceßible
Fait vn double ruiffeau des larmes qu'il respâd,
Ce courage si fier s'abbaiffe & se repent.
Ah! grand Roy, mais que fay-ie? oüy, Sire,
    nul outrage
Ne merite les pleurs qui baignent ce visage,
Et flefchir deuant moy dans l'estat où ie suis,
C'est vouloir que ma honte efgale mes ennuis.
Calmez de vos fanglots l'extreme violence,
Voftre reffentiment excede voftre offenfe,

Hytaſpe & Parthenie au creux du monument
Seront trop ſatisfaits d'vn ſouſpir ſeulement,
Viuez, regnez, heureux, que nulle autre diſgrace
De vos contentemens ne trouble la bonace,
Et croyez que l'ardeur dont vous fuſtes épris
N'a jamais eu de moy ny haine ny mépris,
Sans ce que ie deuois à ma premiere flame
Vos rares qualitez euſſent touché mon ame,
Et j'euſſe creu faillir de refuſer mon cœur
Aux chaſtes paſſions d'vn ſi ſage vainqueur.
Ainſi quand j'ay parlé de mort ou de bleſſures,
Et ce que j'ay vomy de menaces, d'injures,
Fut vne inuention pour me faire impoſer
Le treſpas que le Ciel ſembloit me refuſer.

ALEXANDRE.

Voſtre innocence accroit mon forfait execrable,
Ie ſuis plus criminel moins vous eſtes coupable,
Hytaſpe aſſaſſiné par mes ordres expres
Veut changer mes Lauriers en funeſtes Cypres,
Il faut le contenter, ie le voy qui conuie
À me donner la mort celle qui fut ſa vie.

PARTHENIE.

Plus vous le deſirez, moins j'y puis conſentir,
Mon eſprit eſt changé par voſtre repentir,

Et de vos déplaisirs satisfaite & confuse,
Celuy que j'accusois maintenant ie l'excuse.

ALEXANDRE.

On ne peut justement excuser mon forfait.

PARTHENIE.

Ie l'impute à l'Amour, c'est luy seul qui l'a fait.

ALEXANDRE.

O courage inoüy, vertu prodigieuse,
Ame toute heroïque & toute glorieuse!
Tu crois que ton honneur courroit quelque d'ager
Si tu ne pardonnois quand tu peux te vanger,
Pour n'estre point ingrat que faut-il que ie fasse?

PARTHENIE.

Il me faut conceder seulement vne grace.

ALEXANDRE.

Mais quelle? ie proteste & j'engage ma foy
Que vous obtiendrez tout, que voulez-vous de
    moy?

PARTHENIE.

La liberté de suiure Hytaspe qui m'appelle,

Ie ne demande point de fortune plus belle,
Ce defir legitime eft graué dans mon fein,
On ne l'en peut ofter.

ALEXANDRE.

O genereux deſſein!
Loüable ambition digne d'auoir vn Temple,
Meurs quand il te plaira, ie fuiuray ton exem-
ple:
Mais que veut celuy-cy qui le haſte ſi fort?

SCENE V.

NEARQVE, ALEXANDRE,
PARTHENIE.

NEARQVE.

AH! *Sire, Epheſtion ſe va donner la mort,*
Si voſtre Majeſté n'y met vn prompt re-
mede.

ALEXANDRE.

D'où vient ſon defeſpoir, quel tranſport le poſ-
ſede?

NEAR-

NEARQVE.

Celuy de s'estre veu forcé de vous trahir,
En vn mot son honneur l'a fait desobeir.

ALEXANDRE *parlant tout bas à Nearque.*

Hytaspe n'est pas mort?

NEARQVE.

Non, Sire, il vit encore.

ALEXANDRE.

Mais il me l'a mandé.

NEARQVE.

Ce regret le deuore.
Il dit bien que trois fois ce meurtre il a tenté,
Mais trois fois a sa main son cœur a resisté,
De sorte que tournant son fer contre soy-mesme
D'vn coup il veut vanger & sauuer ce qu'il ai-
me.

ALEXANDRE.

Va, cours le secourir, fay qu'il ne meure pas,
Haste-toy d'arreste son dessein & son bras,
Qu'il vienne me reuoir, & luy qu'ie l'en prie,

O

Que mes feux font efteints, que mon ame eft
 guerie,
Et que ie veux qu'Hytaffe, apres tant de mal-
 heurs,
Trouue dans les plaifirs la fin de fes douleurs.

NEARQVE.

Ie vay vous obeir.

ALEXANDRE.

 Cours vifte, l'heure preffe,
Meurs ou reuiens bien-toft. Ainfi, belle Princeffe,
Les maux que vous fouffrez font bien pres de
 guerir.

PARTHENIE, qui n'a point oüy le meffage de Nearque.

Oüy puifqu'on m'a donné le pouuoir de mourir.

ALEXANDRE.

Vous reuerrez Hytaffe.

PARTHENIE.

 Helas! c'eft mon enuie.
Pour cela j'ay conceu tant d'horreur de la vie,
Qu'on ne peut d'vn moment reculer mon defir

Sans m'oster ce me semble vn siecle de plaisir.

ALEXANDRE.

Mais la mort que l'on peint si laide & si terri-
ble,
Dont l'abord est funeste & la face est horrible,
Ne peut-elle aujourd huy vostre esprit estonner,
Et de son fier objet vos regards destourner?

PARTHENIE.

A quiconque la craint aucun Monstre n'est pire,
Mais elle paroist belle alors qu'on la desire.

ALEXANDRE.

Vos desirs se pourroient employer beaucoup
mieux.

PARTHENIE.

Ie ne le pense pas.

ALEXANDRE.

　　　　Demandez que les Dieux
Vous redonnent Hytaspe, & que cette belle ame
Reprenne en mesme temps & son corps & sa
flame.
　　　　　　　　O ij

PARTHENIE.

Helas! il est parti sans espoir de retour.

ALEXANDRE.

Le voylà toutefois.

SCENE DERNIERE.

PARTHENIE, ALEXANDRE,
HYTASPE, EPHESTION.

PARTHENIE.

O *Miracle d'Amour!*
Mes yeux est-ce luy-mesme? oüy, ie le voy pa-
roistre,
Ses amoureux regards le font assez connoistre.

ALEXANDRE.

Hytaspe, c'est assez, c'est assez enduré,
Il est temps de joüir d'vn repos assuré,
Parthenie, il est temps qu'Alexandre repare
Tant d'outrages commis côtre vn couple si rare.

Estouffe dans l'oubly les maux que ie t'ay faits,
D'vne si belle cause excuse les effets,
Et permets que ie change vne amour criminelle
En vne amitié sainte aussi-bien qu'eternelle.
Ie te rends le tresor que ie voulois rauir,
Va juste possesseur de plaisirs t'assouuir,
Et comblé desormais d'vne gloire infinie
Posseder ta constante & chaste Parthenie.

HYTASPE.

Grand Roy, quelque tourment qu'Hytaspe ait
  pû sentir,
C'est trop que d'en auoir le moindre repentir,
Le rang que vous tenez & ce superbe tiltre
Qui vous rend des mortels ou le maistre ou l'ar-
  bitre,
Vous donne tout pouuoir de nous faire endurer,
Et sans commettre vn crime on n'en peut mur-
  murer :
Mais puisque vos bontez finissant mes suppli-
  ces,
Veulent que mes ennuis soient changez en de-
  lices,
Ce que vous m'accordez m'est vn bien si char-
  mant,
Qu'il falloit le payer encor plus cherement.

ALEXANDRE.

Pour vous à qui ma flame a cousté tant de lar-
    mes,
Ie vous rends vos Eftats, triomphez de mes ar-
    mes,
Que vos myrthes fameux, riches de mes lau-
    riers,
Partagent le butin de mes exploits guerriers :
Il eft jufte, & ie veux que de voftre coronne
La premiere fplendeur voftre front enuironne.

PARTHENIE.

Parmy tant de faueurs dont ie me voy combler,
Ie doute fi ie dois ou me taire ou parler.
Voir Hytafpe viuant, l'auoir en ma puiffance,
Rentrer dans nos Eftats, ô Iuftice, ô Clemence !
O Royales vertus dignes que les mortels
D'vne offrande immortelle honorent vos autels!

ALEXANDRE.

Referuez pour les Dieux ces difcours magnifi-
    ques,
Ma hôte & ma foibleffe ont efté trop publiques
Pour voir jamais fumer, fans eftre prophanez,
Les Encens qu'à ma gloire ont auoit deftinez.

Tu le sçais, cher Amy, sans ta sage conduite
Mon crime & mes mal-heurs auroient eu plus
   de suite,
Ta desobeissance a sauué mon honneur,
L'vn d'eux te doit sa vie & l'autre son bonheur,
Mais ie te dois tout seul mõ bonheur & ma vie.

Par-
lant à
Ephe-
stion.

EPHESTION.

SIRE, puisque l'effet respond à mon enuie,
Ie benis mon offense, & conjure les Dieux
De veiller desormais à vous inspirer mieux,
Faites que ce mal-heur serue à vostre memoire
D'ombre pour rehausser l'esclat de vostre gloire.
Partez, & releuant ce courage abbatu,
Montrez-nous quelle fut sa premiere vertu.

ALEXANDRE.

I'aime de tes conseils la sagesse profonde,
Allons assujettir tout le reste du monde,
Qu'au recit de mon nom, qu'au bruit de mes ex-
   ploits
L'Indien effrayé se range sous mes loix,
Que le Tartare cede, & que ma foudre esclatte
Sur le Gange aussi-bien qu'ell' a fait sur l'Eu-
   phratte.

Cependant, justes Dieux, pour l'accident passé,
Faites que de mes jours ce jour soit effacé,
Que jamais nos Neueux ne le puissent appren-
    dre
Dans les fastes promis aux gestes d'Alexandre.
Et vous heureux Amans apres tant de trauaux,
Enfin auec le iour voyez finir vos maux,
C'est trop perdre de temps en des parolles vaines,
Venez cueillir le fruitt & le prix de vos peines.

FIN,

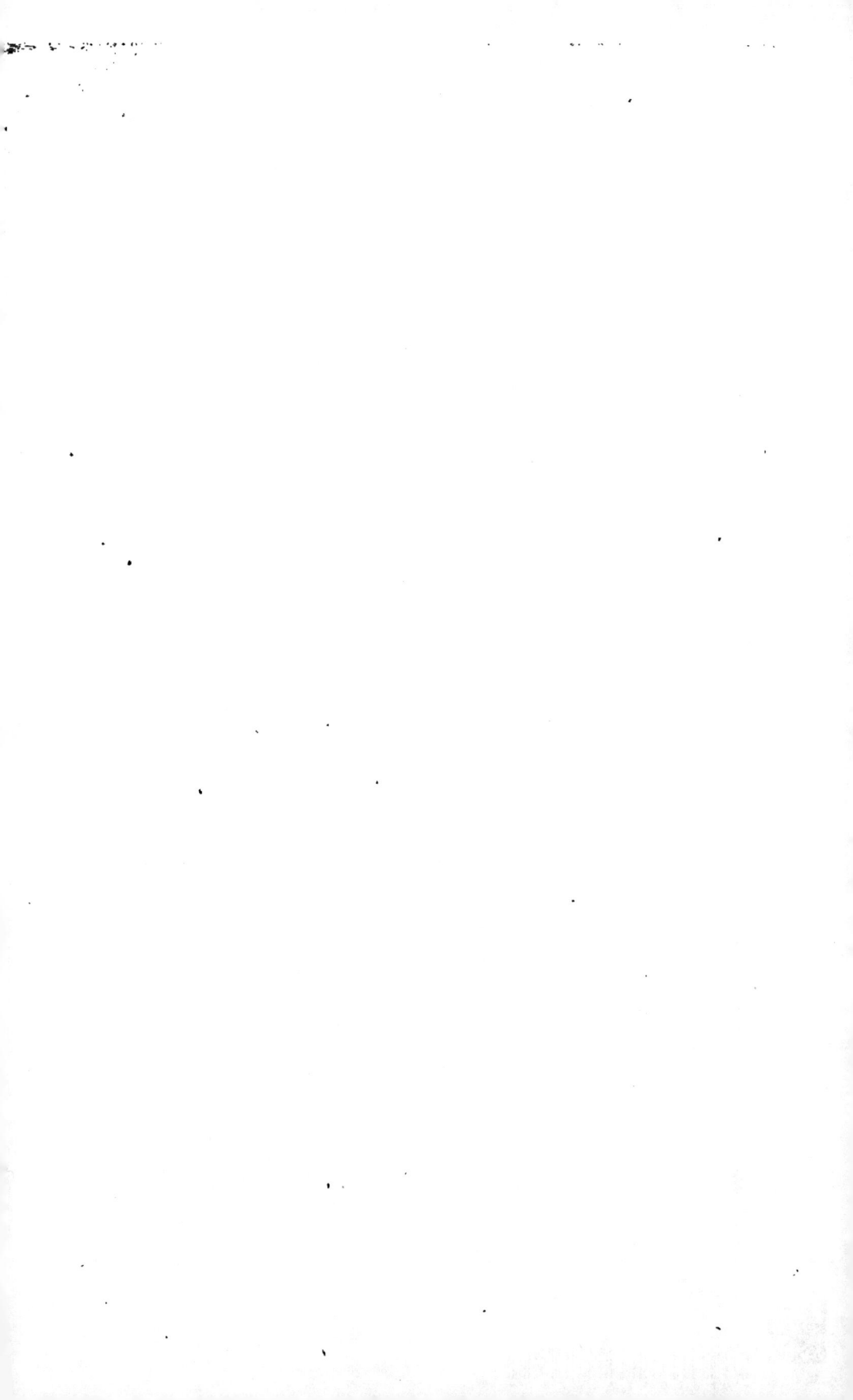

www.ingramcontent.com/pod-product-compliance
Lightning Source LLC
Chambersburg PA
CBHW051743090426
42738CB00010B/2393